KB105938

메타 인지 향상을 위한 학습 코칭 교실

잠들어 있는
공부 능력을
깨워라

잠들어 있는 공부 능력을 깨워라

발행일	2016년 12월 20일		
지은이	윤 태 황		
펴낸이	손 형 국		
펴낸곳	(주)북랩		
편집인	선일영	편집	이종무, 권유선, 김송이, 이영아
디자인	이현수, 이정아, 김민하, 한수희	제작	박기성, 황동현, 구성우
마케팅	김회란, 박진관		
출판등록	2004. 12. 1(제2012-000051호)		
주소	서울시 금천구 가산디지털 1로 168, 우림라이온스밸리 B동 B113, 114호		
홈페이지	www.book.co.kr		
전화번호	(02)2026-5777	팩스	(02)2026-5747

ISBN   979-11-5987-367-6 03370(종이책)   979-11-5987-368-3 05370(전자책)

이 도서의 국립중앙도서관 출판예정도서목록(CIP)은 서지정보유통지원시스템 홈페이지(http://seoji.nl.go.kr)와
국가자료공동목록시스템(http://www.nl.go.kr/kolisnet)에서 이용하실 수 있습니다.
(CIP제어번호 : CIP2016030744)

★★★★★

메타 인지 향상을 위한 학습 코칭 교실

잠들어 있는
공부 능력을
깨워라

윤태황 | 지음

★★★★★

북랩 book Lab

메타 인지 훈련이 필요한 이유

지난 10여 년간 학습 매니지먼트 프로그램을 통해 초중고의 다양한 학생들을 만났고 자기주도학습을 트레이닝시켰습니다. 어떤 아이는 자기주도학습을 빨리 체화하고 어떤 아이는 느리게 체화하는 모습을 보였습니다. 그 차이는 무엇일까요?

우리는 메타 인지에 주목해야 합니다. 자기주도학습이 잘 되는 아이는 메타 인지 능력이 높습니다. 메타 인지 능력이 높은 아이는 자기주도학습을 잘할 가능성이 높습니다. 메타 인지는 공부에 영향을 주는 학습 동기, 자기주도학습 실천, 그릿(GRIT) 등 모든 영역과 연관이 있기에 자기 주도 학습하는 아이로 성장시키기 위해서는 반드시 메타 인지를 이해한 후 그 능력을 키우기 위해 트레이닝 해야 한다는 결론에 도달하게 됩니다.

메타 인지에 대하여 정의를 내리기는 쉽습니다. 문제는 메타 인지 능력을 어떻게 키울 것인가입니다. 제가 할 일은 메타 인지 능력을 키우기 위한 방법들을 생각하는 것이었습니다.

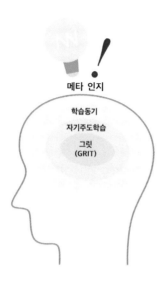

제가 몇 년간 공부했던 코칭이 메타 인지 훈련에 많은 도움이 되었습니다. 코칭은 코칭을 받고자 하는 학생의 자각과 책임감을 중요하게 생각합니다. 코치는 학생이 자각할 수 있도록 다양한 질문을 던지게 되는데, 메타 인지에서도 매우 중요한 것이 자각입니다. 스스로 본인이 아는 부분과 모르는 부분을 구분할 수 있어야 하고, 그러기 위해서는 학생이 항상 깨어있어야 합니다. 저는 코칭에서 자각을 불러일으키기 위해 질문을 하는 것처럼, 메타 인지 향상을 위해서도 코칭 기법을 활용하면 효과적일 거라 생각을 했습니다.

메타 인지 훈련을 위해 우선 학생들에게 메타 인지의 정의와 효과에 대해 설명을 합니다. 그리고 메타 인지라는 개념을 잊지 않도록 반복적으로 각인시킵니다. 메타 인지에 대하여 충분히 각인되고 나면, 메타 인지와 관련된 상황이 발생할 때마다 메타 인지가 제대로 작동을 하는지 점검을 합니다. 점검의 핵심이 바로 질문입니다.

이 책에서는 0교시에 메타 인지가 무엇인지 설명을 합니다. 0교시에 배운 메타 인지에 대한 지식을 바탕으로, 1교시부터 4교시까지 자기주도학습을 해나가는 과정 전반에 걸쳐서 메타 인지적인 사고를 어떻게 해야 하는지 훈련하게 됩니다.

5교시에서는 국, 영, 수 학습에 대한 메타 인지를 훈련하며, 6교시에서는 학습 동기와 관련된 메타 인지를 배우게 됩니다. 자신이 학습 동기가 있는지 없는지를 인지하는 것에서부터 메타 인지는 시작됩니다. 뿐만 아니라 학습 동기가 없거나 떨어질 경우, 어떤 생각을 했을 때와 어떤 마음가짐을 가질 때 학습 동기가 다시 일어날지를 스스로 체크해본 후, 학습 동기를 스스로 유발할 수 있도록 계획하고 실천하는 과정, 그리고 그 과정에서 자신을 다시 점검하는 행동들이 모두 메타 인지에 포함됩니다.

7교시에서는 입시를 준비하는 과정에서의 메타 인지를 살펴보고, 방과 후에서는 스마트폰, 공부방 색깔 등 공부환경을 스스로 점검하는 훈련을 하게 될 것입니다.

이 책의 핵심은 주제별로 마련되어 있는 '오늘의 코칭 질문'을 곱씹어 보면서 대답을 생각하는 데 있습니다. 메타 인지가 발달하기 위해서는 공부와 관련된 주제별 내용이나 기준을 구체적으로 알아야 하고, 각 내용에 대한 나의 현재 공부 상황을 점검할 수 있어야 합니다.

메타 인지의 핵심은 자신에 대한 객관적인 평가입니다. 자신에 대해서 정확하게 평가할 수 있어야 자신의 부족한 점을 알 수 있습니다. 메타 인지는 이런 부족한 부분을 어떻게 개선할 것인지에 대한 목표, 계획, 실천 그리고 이런 사고나 행동에 대한 점검까지를 포함합니다. 결국 메타 인지가 발달했다는 것은 자신의 부족한 부분을 잘 알고 있으며, 그 부분을 원활하게 개선할 수 있음을 의미합니다. 그렇기 때문에 메타 인지가 발달한 아이는 자기주도학습을 잘 할 수 있고, 성적을 올릴 가능성이 매우 높습니다. 평균 80점 받던 아이가 전교 1등이 되었고, 수학 30점 받던 아이가 90점을 받아 옵니다. 메타 인지 훈련을 통해 성공한 사례는 수없이 많습니다. 이렇게 축적된 저의 노하우가 이 책에 고스란히 담겨있습니다.

메타 인지 능력이 자기주도학습을 가능하게 한다면, 어떤 학생이든, 어떤 부모든 메타 인지 능력을 향상시키기 위해 노력할 것이고 궁금할 것입니다. 제가 던지고 있는 물음 하나하나에 답을 하다 보면 메타 인지 능력이 향상되고, 공부가 효율적으로 진행되니 성적은 자연히 올라갑니다.

　메타 인지 훈련이 궁금한가요? 그렇다면, 0교시를 시작으로 수업 하나하나를 마스터해 보시기 바랍니다. 여러분의 잠자던 공부 능력이 깨어날 것입니다. 메타 인지 훈련을 통해 성적 향상과 자신감 상승, 아울러 자기주도적인 삶을 살아가길 진심으로 기원합니다.

2016. 11. 17.
수능 날 아침, 윤태황 드림

트가 있나요?/ 수업 정리를 위해 마인드맵을 활용해 봤나요?/ 암기는 어떤 식으로 점검하면 좋을까요?/ 문제집을 푸는 목적은 무엇인가요?/ 엉덩이 힘의 원천, 절제력이 있나요?/ 이 문제는 꼭 풀고 말 거라는 집요함이 있나요?/ 짧은 시간에 집중해서 공부하는 포모도로 훈련법을 알고 있나요?

 0교시
수업 오리엔테이션

ㅣ

성적이 오르는 원리는
간단하다!

지금부터
메타 인지 훈련이 시작됩니다.

먼저 메타 인지가 무엇이며
메타 인지는 왜 필요한지
알아봅시다.

안녕하세요!
학습매니저 윤맴입니다.
메타 인지 훈련에 오신
여러분을 환영합니다!

평균 70~80점 받던 평범한 학생들이 평균 90점, 95점을 넘어 반 1등, 전국 상위 1%로 성적이 올랐던 원동력은 어디에 있을까요? 매일같이 학생들과 이야기를 나누며 공부와 씨름하는 것이 일상인 윤맴에게 담당 학생의 성적 향상은 지상 최대의 과제입니다. 이런 고민이 비단 학습매니저만의 고민일까요? 당사자인 학생과 자녀를 바라보는 부모님의 한결같은 바람 또한 상위권으로의 도약일 것입니다.

성적이 올라가는 원리는 의외로 간단합니다. 강연을 가면 청중을 향해 항상 물어보는 질문이 있는데요. 여러분도 다음의 질문에 답해 보기 바랍니다.

> **성적이 올라가는 원리는 다음 중 몇 번일까요?**
> **1.** 아는 부분을 반복 학습한다.
> **2.** 모르는 부분을 보충 학습한다.

간혹 1번이라고 대답하는 학생들도 있으나, 정답은 2번입니다. 우리가 역사 시험을 앞두고 내용의 70%를 암기했다고 생각해 봅시다. 70%를 반복해서 공부한 후 시험을 보러 간다면 몇 점을 받게 될까요? 내용의 70%만 알고 있으니 70점을 받게 될 겁니다. 반대로, 모르고 있던 30% 중 20%를 보충 공부하고 시험을 보러 간다면 어떤 결과가 나올까요? 원래 알고 있었던 70%에 20%가 보충되었으니, 아마 90점을 받게 되겠지요.

공부는 많은 시간을 투자하는 것도 중요하지만, 많은 시간을 투자한다고 해서 꼭 좋은 결과가 나오는 건 아닙니다. 성적이 잘 나오기 위해서는 역사 공부의 예처럼, 아는 부분과 모르는 부분을 구분할 수 있어야 하고, 모르는 부분에 집중적으로 시간을 투자하는 공부습관이 우선 만들어져야 합니다. 그러기 위해서는 스스로 어떤 내용을 모르고 있었는지, 어느 단원을 놓치고 있는지를 자각하는 것이 중요한 능력입니다. 이렇듯 스스로 자신의 공부에 대하여 아는 부분과 모르는 부분을 구분하는 능력을 '메타 인지'라고 합니다.

📝 메타 인지란 무엇인가

메타 인지란 메타(meta)라는 영어와 인지(認知)라는 한국말의 합성어입니다. 순수 영어로 표현하면 'Metacognition'이며, 한국말로 상위인지 또는 초인지라고 표현합니다. 메타 인지를 정의하기에 앞서, 인지를 먼저 정의 내려야 하는데, 인지는 쉽게 말하면 '무언가를 아는 것'입니다. 가령 이 책을 읽고 있는 전국의 학생, 학부모 등 독자들은 메타 인지 학습법에 대하여 글을 쓴 '윤태황'이라는 작가를 알게 되었고, 오늘 이 책을 읽으면서 메타 인지라는 것에 대해 알게 되었는데요, 이렇듯 무언가에 대해 알게 되는 것, 일련의 이런 활동을 우리는 인지라고 합니다.

 그렇다면, 메타 인지는 무엇일까요? 메타 인지는 인지보다 한 차원 높은 인지 활동을 뜻하는데요, 스스로가 무엇을 인지하고 있고 무엇을 인지하지 못하는지를 인지하는 것을 말합니다. 유체이탈 또는 유체이탈 화법이라는 말을 들어 본 적 있나요? 네이버에서는 유체이탈 화법을 검색하면 '자신과 직접적으로 연관된 사건이나 이야기를 남의 이야기를 하듯 말하는 화법을 뜻하는 신조어'라고 설명이 나옵니다. 메타 인지란 쉽게 말하면 유체이탈 화법을 구사하여 자신을 평가하는 것입니다. 다만, 여기서 중요한 것은 자신을 매우 객관적으로 평가해야 한다는 것입니다. 유체이탈 화법이라는 용어는 자신에 대한 평가를 자신이 객관적으로 내리지 못함으로써 자신에 대한 단점이나 허물을 잘 알지 못하는 모습을 풍자하며 유행한 말입니다. 메타 인지에서는 자신을 객관적으로 평가하는 것이 매우 중요합니다. 메타 인지 능력이 좋고 나쁨은 자신을 얼마나 객관적으로 평가할 수 있느냐에 달려 있습니다.

소크라테스가 "네 자신을 알라"라는 말을 남겼고, 옛말에 "똥 묻은 개가 겨 묻은 개 나무란다"라는 속담이 있습니다. 이런 말들도 메타 인지와 일맥상통하는 말들입니다. 다른 사람의 장점이나 단점을 말해보라고 하면, 우리는 비교적 쉽게 말을 할 수 있으나, 자신의 단점을 말해보라고 하면 쉽게 말하지 못하는 사람들이 있습니다. 우리가 스스로의 단점을 정확히 인지할 수 있다면, 우리는 그 단점을 고치거나 극복함으로써 더 나은 사람으로 발전할 수 있습니다. 공부도 마찬가지입니다. 자신의 부족한 영역을 정확히 알게 된다면, 우리는 그 부족한 부분을 보충 공부함으로써 더 나은 성적을 받을 수 있게 됩니다. 메타 인지가 성적을 올려주는 원리는 단순하지만 그 효과는 강력합니다.

메타 인지의 분류	
메타 인지 지식	아는 부분과 모르는 부분을 인지하는 것
메타 인지 통제	부족한 부분을 학습하기 위해 계획하고 실천하는 과정을 점검하는 것

아울러 메타 인지는 스스로 아는 부분과 모르는 부분을 구분하는 능력뿐만 아니라 모르는 부분을 어떻게 학습할 것인가에 대한 부분까지 포함합니다. 모르는 부분이 생겼을 경우, 모르는 부분을 학습하기 위해 계획을 세우고 실천을 할 텐데요. 이런 과정을 점검하는 것까지 메타 인지라고 합니다.

📝 메타 인지는 왜 필요한가

　메타 인지 능력을 갖추게 되면, 우선 공부 시간이 절약됩니다. 서울과학고 출신의 수학강사가 "과학고 아이들이 공부하는 모습을 보면, 한 문제집을 처음부터 끝까지 푸는 학생은 거의 없습니다. 대부분 아이들은 문제집을 쭉 훑어보면서 본인이 모를만한 문제, 도전해볼 만한 문제를 발췌해서 문제를 풀게 되죠"라는 말을 한 적이 있는데요. 한 문제집을 처음부터 끝까지 다 푸는 학생과 문제집의 문제를 발췌해서 푸는 학생이 있다면, 당연히 발췌해서 푸는 학생이 시간을 절약할 것입니다. 그렇다면, 모든 학생이 문제집의 문제를 발췌해서 풀면 되는데, 무엇이 문제일까요? 대부분 학생은 문제를 접했을 때, 본인이 풀 수 있는 문제인지 못 푸는 문제인지, 도전해볼 만한 문제인지 포기해야 할 문제인지를 구별하는 능력이 부족하다는 것입니다. 이것이 바로 메타 인지가 필요한 이유이며, 메타 인지 능력을 키워야 하는 이유입니다.

　공부 시간이 절약되면 효율적인 공부가 가능해집니다. 과목별로 시간 분배를 다양하게 할 수 있고, 쓸데없는 시간을 절약하게 되므로, 절약한 시간을 취약한 과목에 분배하여 보충 공부가 가능해집니다. 결국 공부는 시간과의 싸움이지요. 누가 더 많은 시간을 확보하는가, 그리고 확보된 시간에 누가 더 알차게 공부하는가. 이것이 성적을 가늠하는 중요한 열쇠가 됩니다.

메타 인지 능력이 생기면, 자신을 객관적으로 평가할 수 있게 됩니다. 자신을 객관적으로 바라보게 되면, 실현가능한 도전목표를 세울 수 있게 되고, 노력을 통해 성취의 기쁨을 만끽할 수 있습니다. 성취의 경험은 새로운 도전을 위한 원동력이 되고, 우리는 조금 더 높은 목표를 세우고 다시 도전하고 성취하는 선순환의 인생을 살 수 있게 됩니다.

문제집 선정도 쉬워집니다. 선생님이 사라고 하니까, 친구가 푸니까 따라 사서 푸는 방식이 아니라, 자신의 능력에 맞는 문제집을 고를 수 있게 되고, 자신의 수준에 맞는 문제집을 풀 수 있게 되니, 개념 이해가 좋아지고 정답률이 높아지면서, 과목에 대한 흥미와 자신감이 생기게 됩니다.

이런 과정이 자연스럽게 자신의 것이 된다면, 자기주도적인 학습이 가능해집니다. 다른 사람이 나를 평가하고 나에게 문제집을 추천해 주고 나에게 숙제를 내주는 방식이 아니라, 스스로 자신을 평가하고 자신에게 맞는 문제집을 선정해서 공부하게 되므로, 공부의 주도권을 자신이 잡게 됩니다. 무슨 일이든 수동적으로 할 때보다 능동적으로, 자발적으로 할 때 의욕이 생기고 끈기있게 밀고 나갈 수 있는 법인데, 메타 인지는 이런 모습으로 자신을 완성시키게 합니다.

✏️ 메타 인지 능력은 어떻게 향상되는가

메타 인지가 성적에 지대한 영향을 미친다는 것은 이미 여러 매체를 통해 밝혀진 바가 있습니다. 문제는 메타 인지를 어떻게 향상시킬 수 있을까에 대한 고민인데요, 그래서 이런 고민을 해결하기 위해 이 책은 탄생했습니다.

메타 인지의 핵심은 자신을 분석하여 자신의 강점과 약점, 장단점을 정확히 판단하는 데 있습니다. 이런 힘을 가지기 위해서는 자신의 위치를 자각하는 습관이 몸에 배야 합니다. 우리가 상위권으로 도약하기 위해선 공부 목표부터 계획, 공부법 등 공부와 관련된 다양한 영역에 대하여 부족한 부분이 무엇인지 스스로 점검할 필요가 있습니다.

또한, 메타 인지 통제 능력을 기르기 위해, 학습에 필요한 목표 세우기, 계획 만들기, 공부법 익히기 등 다양한 영역에 대하여 자문자답할 수 있는 훈련을 해야 합니다. 이런 훈련을 가장 효율적으로 할 수 있는 방법이 코칭 질문에 대답하며 자신을 점검해 보는 것입니다.

처음부터 공부를 못하게 태어난 학생은 없습니다. 공부를 잘하기 위해서는 우선 자신의 능력이 부족하다는 편견에서 벗어나야 합니다. 우리는 단지 '공부 잘하는 법'을 몰라서 상위권의 공부전략을 실천하지 못했을 뿐입니다. 누구나 메타 인지 훈련을 거치고 나면 공부에 대한 자각이 업그레이드되면서 공부를 잘할 수 있게 됩니다. 그동안 성적이 안 나왔던 이유는 의외로 단순한 곳에서 발견될 수 있습니다.

이 책을 읽는데 많은 시간이 걸리진 않을 것입니다. 다만, 속독보다는 정독하면서 자신의 느낌을 한 줄이라도 반드시 기록하면서 자신을 분석하기 바랍니다. 이 책의 목적은 오롯이 자신을 들여다보고 자신의 공부력을 발전시키는 데 있습니다. 자신을 가장 잘 아는 사람은 자기 자신임을 기억하고 다짐합시다.

조용하고 차분한 장소를 선택하고 4~5시간을 집중해서 읽어보세요. 하루의 시간 투자가 여러분의 공부를 완전히 바꿔줄 것입니다. 메타 인지 교실의 모든 수업을 마친 여러분들이 모두 상위권으로 도약하기를 진심으로 바랍니다.

메타 인지 교실에 오신 것을 환영합니다!

베스트 물음표 & 베스트 느낌표

이 책의 모든 수업은 여러분에게 물음을 던집니다. 그리고 여러분은 하나의 수업이 끝나면 수업마다 여러분의 느낌을 적도록 코칭 질문이 주어집니다. 수업을 들으면서 가장 인상적이었던 물음표 BEST 10과 느낌표 BEST 10을 이곳에 정리해 보세요.

나만의 차트! 물음표 BEST 10	
교시	물음표

나만의 차트! 느낌표 BEST 10	
교시	느낌표

1교시

|

당신의 공부레벨은 몇인가요?

메타 인지의 시작은 기준을
잡는 것입니다.

명확한 기준이 있어야
기준에 맞추어 자신을 분석할 수
있습니다.

나의 공부레벨이 상위권과 비교하여
어떤 상태인지 알아보도록 합시다.

✎ _____ 의 공부레벨은 몇인가요?

(빈 칸에 자신의 이름을 적어보세요)

안녕하세요! 메타 인지 교실의 학습매니저 윤맘입니다. 1교시 첫 번째 질문은 바로 "여러분의 공부레벨은 몇인가요?"입니다. 수학 문제처럼 공식이 존재하여 숫자만 대입하면 문제가 술술 풀리듯, 공부도 공식이 존재하여 공식대로만 공부해서 성적이 쑥쑥 오른다면, 이런 방법을 마다할 사람이 있을까요? 수학 문제에 공식이 존재하듯 공부에도 공식이 존재한다고 생각하여 실제로 공부 공식을 개발한 사람이 있는데요. 에듀플렉스 창시자, 고승재 대표가 그 주인공입니다. 서울과학고와 서울대를 졸업한 고승재 대표는 공부를 잘할 수 있는 비결이 무엇일까를 고민하다가 학습시간, 학습전략, 학습방법, 학습평가 등 4개의 영역에 대하여 25가지 요소로 구성된 공부공식을 개발하게 되었는데요. 공부공식의 25가지 질문에 대하여 답변을 마치면 자신의 공부레벨을 확인할 수 있습니다. 메타 인지 훈련의 첫 번째 수업은 바로 공부공식을 통해서 자신의 공부레벨을 측정해 보는 것입니다.

공부공식 = 학습시간 × 학습전략 × 학습방법 × 학습평가

지금부터 나의 공부레벨은 몇인지 알아보도록 합시다. 총 25문항의 질문을 읽어보고 자신에게 해당하는 보기에 체크를 해주세요.

1. 자가학습시간

⓪ 나는 스스로 공부하는 것이 어렵기 때문에 혼자 공부하는 시간을 갖지 않는다.

① 나는 스스로 공부하는 시간이 매일 1시간 미만이다.

② 나는 매일 1시간씩 스스로 공부하며, 주 2회 정도는 2시간씩 공부한다.

③ 나는 스스로 공부하는 시간을 매일 3시간 정도 확보하여 주 4회 이상 실천한다.

④ 나는 스스로 공부하는 시간을 매일 4시간 정도 확보하여 주 4회 이상 실천한다.

⑤ 나는 스스로 공부하는 시간을 매일 5시간 이상 확보하여 하루도 빠짐없이 실천한다.

2. 절제력

⓪ 나는 공부할 때 친구가 부르거나 TV, 게임이 하고 싶으면 망설임 없이 바로 뛰쳐나가고 공부를 잊는다.

① 나는 공부할 때 친구가 부르거나 TV, 게임이 하고 싶으면 하던 공부를 뒤로 미루고 뛰쳐나가나 후에 실천하지 못하여 후

회한다.

② 나는 공부할 때 친구가 부르거나 TV, 게임이 하고 싶으면 해야 할 공부를 대충이라도 일단은 끝내고 뛰쳐나간다.

③ 나는 공부할 때 친구가 부르거나 TV, 게임이 하고 싶어도 나가지 않고 공부를 계속하나, 공부에 집중하기 힘들다.

④ 나는 공부할 때 친구가 부르거나 TV, 게임이 하고 싶어도 꾹 참고, 해야 할 공부를 집중하여 마친다.

⑤ 어떤 것도 나의 학습을 방해할 수 없으므로 어떤 환경에서도 흔들림 없이 공부한다.

3. 집요함

⓪ 나는 공부를 하다가 모르는 내용이 나오면 답답한 마음이 들어 공부하는 것을 포기한다.

① 나는 공부를 하다가 모르는 내용은 건너뛰고 공부한다.

② 나는 공부를 하다가 모르는 내용이 나오면 고민하지 않고 바로 암기하고 넘어간다.

③ 나는 공부를 하다가 모르는 내용이 나오면 바로 도움을 요청하고 그 내용을 암기한다.

④ 나는 공부를 하다가 모르는 내용이 나오면 다시 복습한 뒤 도움을 요청하여 해결한다.

⑤ 나는 공부를 하다가 모르는 내용이 나오면 완벽하게 이해할 때까지 몇 번이고 반복 학습한 후 그 내용이 맞는지 확인한다.

4. 집중력

⓪ 나는 집중해서 공부해 본 적이 없다.

① 나는 공부 시간의 절반 이상을 화장실, 물 마시기 등의 딴짓을 하느라 보낸다.

② 나는 공부에 대한 집중력을 빨리 잃지만, 공부 시간의 절반은 집중하는 편이다.

③ 나는 대체로 집중하여 공부하지만 가끔 딴짓하며 시간을 보낸다.

④ 나는 집중해서 공부하다 보면 나도 모르게 2~3시간이 훌쩍 지나간다.

⑤ 나는 밥 먹는 시간과 화장실 가는 시간 외에 항상 학습에 완전 집중한다.

5. 자가진단

⓪ 나는 나의 학습의 부족한 점과 문제점을 고민해 본 적이 없다.

① 나는 나의 학습의 부족한 점과 문제점을 알려주면 겨우 이해할 수 있다.

② 나는 나의 학습의 부족한 점과 문제점을 어렴풋이 알고 있으나, 해결방법을 찾을 수 없다.

③ 나는 나의 학습의 부족한 점과 문제점에 상관없이 주요과목에 우선순위와 비중을 두어 공부한다.

④ 나는 나의 학습의 부족한 점과 문제점을 알고 전 과목의 우선순위와 비중을 정하지만, 불안할 때가 있다.

⑤ 나는 나의 학습의 부족한 점과 문제점을 알고 이를 바탕으로 전 과목의 우선순위와 비중을 정확히 정할 수 있다.

6. 학습 도구 탐색

⓪ 나는 내 수준에 알맞은 교재나 강의가 무엇인지 전혀 모르고 찾아본 적도 없다.

① 나는 나에게 알맞은 교재나 강의가 무엇인지 모르기 때문에 주위에서 시키는 것만 선택한다.

② 나는 주위에 물어봐서 유명한 교재나 강의를 선택한다.

③ 나는 나의 학습의 부족한 점과 문제점에 상관없이 주요과목에 좋고 유명한 것 위주로 선택한다.

④ 나는 지금 나에게 필요한 교재나 강의를 직접 찾아 분석해 본 뒤 가장 많은 도움이 될 것을 선택한다.

⑤ 나는 교재나 강의를 목적과 시기에 맞게 분석하여 필요에 따라 가장 효과적인 것을 선택한다.

7. 학습플래너

⓪ 나는 학습플래너를 전혀 사용하지 않는다.

① 나는 학습플래너를 거의 사용하지 않지만 사용할 때는 오늘 공부할 과목을 써 놓는다.

② 나는 학습플래너를 생각날 때만 가끔 사용하며 오늘 공부할 과목과 시간을 써 놓는다.

③ 나는 학습플래너를 시험대비 등 목적이 있을 때만 사용하며

오늘 공부할 과목, 시간, 분량을 써 놓는다.

④ 나는 학습플래너를 거의 매일 사용하며 오늘 공부할 과목, 시간, 분량을 모두 써 놓는다.

⑤ 나는 학습플래너를 매일 빠짐없이 사용하며 오늘 공부할 과목, 시간, 분량을 모두 써 놓는다.

8. 중장기 계획표

⓪ 나는 월간 계획표나 연간 계획표와 같은 중장기 계획표를 전혀 세우지 않는다.

① 나는 시험이 있는 달에만 월간 계획표를 대충 생각하지만 적지 않는다.

② 나는 시험이 있는 달에만 월간 계획표를 작성한다.

③ 나는 나의 현 상태는 크게 고려하지 않고 이상적으로 생각되는 월간 계획표와 연간 계획표를 작성한다.

④ 나는 나의 현 상태를 고려한 월간 계획표와 연간 계획표를 자료를 참고하여 작성한다.

⑤ 나는 시기마다 나의 현 상태를 고려하여 적절하고 구체적인 월간 계획표와 연간 계획표를 스스로 작성한다.

9. 학습 흐름

⓪ 나는 학습 교재를 일정한 순서 없이 내키는 대로 공부한다.

① 나는 자습서에 정리된 내용을 한 번 읽어 본 후 바로 문제를 푼다.

② 나는 자습서에 정리된 내용을 한 번 읽어 본 후 굵은 글자만 암기하여 문제를 푼다.

③ 나는 자습서에 정리된 내용을 한 번 읽고 정리한 뒤 노트에 중요한 내용을 정리한 뒤 암기하여 문제를 푼다.

④ 나는 교과서를 읽고 보조 자료를 활용하여 완벽하게 내용을 숙지한 후 정리한 뒤 암기하고 문제를 풀어 점검한다.

⑤ 나는 과목의 특성과 나의 상황에 맞게 교과서, 참고서, 노트 정리, 암기, 문제풀이 등의 학습 흐름을 조정한다.

10. 문장이해력

⓪ 나는 이해되지 않는 문장이 많아 읽다가 중간에 포기한다.

① 나는 이해되지 않는 문장이 있으면 바로 건너뛰고 다음 문장으로 넘어간다.

② 나는 이해되지 않는 문장이 있으면 몇 번 더 읽어보고 넘어간다.

③ 나는 모르는 단어나 용어가 나오면 뜻을 찾아본 뒤 문장을 다시 한 번 읽어본다.

④ 나는 모르는 단어나 용어는 문맥 속에서 의미를 파악하여 뜻을 추론하고 해석한다.

⑤ 나는 모르는 단어나 용어는 문맥 속에서 의미를 파악하여 뜻을 추론한 뒤 정확한 뜻을 확인한다.

11. 배경지식

⓪ 새로운 학습 내용을 배울 때 이전에 워낙 배워놓은 것이 없어 학습 진행이 어렵다.

① 새로운 학습 내용을 배우고 나면 이전에 배운 내용과 뒤섞여 이미 알고 있던 것까지 헷갈린다.

② 새로운 학습 내용을 배울 때 이전에 배운 내용과 어떻게 연관되어 있는지 누군가의 도움이 있을 때만 알 수 있다.

③ 새로운 학습 내용을 배울 때 이전에 배운 내용과 어떻게 연관되어 있는지 찾을 수 있으나 다시 살펴봐야 정확히 알 수 있다.

④ 새로운 학습 내용을 배울 때 이전에 배운 내용을 찾아보지 않고도 연관 지어 설명할 수 있다.

⑤ 새로운 학습 내용을 배울 때 이전에 배운 내용을 찾아보지 않고도 연관 지을 수 있으며, 아직 배우지 않은 부분까지도 추측할 수 있다.

12. 수업 듣기

⓪ 대부분의 수업 시간에 주로 졸거나 딴짓을 하느라 수업을 거의 듣지 않는다.

① 내가 좋아하는 몇몇 과목은 수업을 잘 듣는 편이나 나머지 과목 수업은 잘 듣지 않는다.

② 대체로 수업을 잘 들으려고 노력하지만 그때그때 컨디션에 따라 수업을 듣지 않을 때가 있으며, 이를 보충하지 않는다.

③ 모든 수업을 잘 듣는 편이며, 컨디션이 나빠 수업을 듣지 못했을 경우에는 친구에게 필기를 빌려서 보충한다.

④ 모든 수업 시간에 항상 집중하며, 수업 내용 중 중요한 사항은 꼼꼼히 필기한다.

⑤ 모든 수업 시간에 항상 집중하고 적극적으로 참여하며, 수업 내용과 관련된 선생님의 농담까지도 빠짐없이 필기한다.

13. 공식, 법칙 사고력

⓪ 공식과 법칙 유도는 이해가 안 되기 때문에 건너뛰고 무조건 암기한다.

① 교재에 나와 있는 공식과 법칙의 유도 과정을 한 번 훑어본 후 결과만 암기한다.

② 교재에 나와 있는 공식과 법칙의 유도 과정을 쓰고, 왜 그런지 고민하지만 잘 이해되지 않아 암기한다.

③ 교재에 나와 있는 공식과 법칙의 유도 과정을 통해 왜 그러한지 이해하고, 그 과정을 암기한다.

④ 교재에 나와 있는 공식과 법칙의 유도 과정을 도출할 수 있고, 왜 그러한지 대략적으로 설명할 수 있다.

⑤ 공식과 법칙의 유도를 직접 써서 증명할 수 있고, 유도 과정이 왜 그러한지 정확하게 설명할 수 있다.

14. 그래프, 실험 결과 사고력

⓪ 그래프와 실험은 학습 범위가 아니라고 생각한다.

① 그래프와 실험은 무엇을 공부해야 할지 몰라 한 번 훑어보고 결과만 암기한다.

② 그래프와 실험에 대한 내용을 정리하고는 있지만 잘 이해되지 않은 부분이 많아서 주로 결과나 풀이를 암기해서 학습한다.

③ 그래프와 실험의 도출 과정을 참고서를 보면서 이해했으며, 그 결과만 대략적으로 설명할 수 있다.

④ 그래프와 실험의 논리적 도출 과정을 이해하고 있으며, 왜 그러한지 대략적으로 설명할 수 있다.

⑤ 그래프와 실험의 논리적 도출 과정을 이해하고 있으며 왜 그러한지 정확하게 설명할 수 있다.

15. 지도, 도표 사고력

⓪ 지도와 도표는 학습 범위가 아니라고 생각한다.

① 지도와 도표의 내용을 정리하고 있지만, 학습 내용과 연관 짓기 힘들어서 그림 자체로 암기한다.

② 지도와 도표를 최소 2번 이상 그려서 정리하고 이해했으나, 막상 지도와 도표를 제시했을 때 교재를 봐도 설명하기 힘들다.

③ 지도와 도표의 내용을 그려서 이해하고 있으며, 이를 교재 설명을 참고하여 해석할 수 있다.

④ 지도와 도표를 학습 내용과 연관 지어 이해하고 있으며, 백지도에 그릴 수 있다.

⑤ 학습 내용을 이해하는 데 도움이 되는 지도와 도표를 그릴 수 있으며 이를 연관지어 설명할 수 있다.

16. 독해 사고력

⓪ 영어 지문을 보면 아는 단어 몇 개는 보이지만 문장 전체가 무슨 뜻인지 파악하기 힘들다.

① 영어 지문에서 아는 단어를 바탕으로 문장의 의미를 추측할 수 있으나 원래 의미와는 다른 경우가 많다.

② 끊어 읽기와 직독직해가 무엇인지는 알고 있으나 자유롭게 활용하지 못하여 어려운 문장은 내 마음대로 해석하곤 한다.

③ 끊어 읽기와 직독직해를 어느 정도 활용하고 있으며, 어려운 문장은 해설을 보면 어느 정도 해석을 할 수 있다.

④ 끊어 읽기와 직독직해를 크게 어려움 없이 자유롭게 활용하며 웬만한 영어 지문의 흐름을 이야기할 수 있다.

⑤ 끊어 읽기와 직독직해가 완벽하게 가능하며 지문의 해석은 물론 글의 전체 구조에 대해서 정확하게 설명할 수 있다.

17. 노트 필기법

⓪ 자습서에 중요 내용이 정리되어 있으므로, 노트 필기는 귀찮고 번거롭게 여기지 않는다.

① 노트 필기는 스스로 하기보다는 주로 정리된 프린트나 교재를 그대로 따라 적는다.

② 노트 필기를 하긴 하지만 요약해서 정리하지 못하며, 무엇이 중요한 내용인지 노트에 잘 드러나지 않는다.

③ 노트에 중요한 내용을 요약하여 정리하나 간혹 빼먹은 내용이 있어 나중에 책을 찾아보곤 한다.

④ 노트에 학습 내용을 체계적으로 요약하여 정리해 둔 뒤 학습의 보조 자료로 활용한다.

⑤ 노트에 학습 내용이 한눈에 알아볼 수 있는 구조로 정리되어 있어 노트만으로도 완전학습이 가능하다.

18. 단어장 활용법

⓪ 단어는 따로 공부하지 않는다.

① 단어장을 직접 만들기보다 시중에 있는 단어장을 사서 본다.

② 단어장에 모르는 단어와 뜻을 써놓고 한두 번 정도 암기한 뒤 다시 확인하지 않는다.

③ 단어장에 모르는 단어와 뜻을 써놓고 암기한 뒤 단어장을 매주 2회 이상 읽어본다.

④ 단어장에 모르는 단어와 뜻, 파생어, 예문을 정리하여 암기한 뒤 주 1~2회 테스트한다.

⑤ 단어장에 모르는 단어와 뜻, 파생어, 예문을 정리하여 암기한 뒤 매일 테스트하며, 항상 휴대하여 수시로 본다.

19. 연습장 활용법

⓪ 문제풀이는 교재나 시험지의 빈 공간에 바로 풀이하기 때문에 따로 연습장이 없다.

① 문제풀이를 할 때는 아무 종이나 사용하고 그대로 버린다.

② 문제풀이를 할 때 사용하는 연습장이 있으나, 쓰고 나서 다시 보지 않는다.

③ 연습장을 사용하여 문제풀이를 깨끗이 정리하며, 나의 풀이나 설명을 답안지와 한번 비교한다.

④ 연습장은 항상 반으로 접어 한쪽에는 나의 문제풀이를 적고 다른 한쪽에는 답안지의 문제풀이를 적어 비교한다.

⑤ 연습장은 항상 반으로 접어 한쪽에는 나의 문제풀이를 적고, 다른 한쪽에는 답안지에서 부족한 점만 보충하여 정리한 뒤, 매주 확인한다.

20. 오답 정리법

⓪ 틀린 문제는 채점하지 않거나 답만 체크하고 그냥 넘어간다.

① 틀린 문제는 답과 해설을 한번 읽어보고 넘어간다.

② 모든 틀린 문제를 과목별 노트에 문제와 교재의 해설을 보기 좋게 정리해 모아둔다.

③ 모든 틀린 문제를 과목별 노트에 오답을 정리하며, 문제와 해설을 정리한 후 다시 푼다.

④ 실수로 틀린 문제를 제외하고 과목별 노트에 오답을 정리하며, 틀린 문제의 해설, 관련 개념을 찾아 공부한 뒤 다시 푼다.

⑤ 실수로 틀린 문제를 제외하고 틀린 문제의 핵심과 관련 개념을 기본서 한 권에 옮기고 수시로 확인한다.

21. 암기법

⓪ 나는 저절로 외워지는 것 외에는 따로 암기하지 않는다.

① 나는 학습 내용을 보이는 대로 줄줄이 암기한다.

② 교재에 있는 굵은 글자만 무조건 암기한 후 넘어간다.

③ 교재에 있는 굵은 글자만 암기한 후, 암기한 내용을 간단히 점검한다.

④ 학습의 중요 내용을 찾아 암기하여 백지테스트를 한다.

⑤ 학습의 중요 내용을 찾아 구조화한 뒤 적절한 암기법을 사용하여 암기하고 백지테스트를 한다.

22. 문제집 활용

⓪ 문제를 제대로 풀지 않으며, 문제집에 답만 체크하고 그냥 넘어간다.

① 문제를 풀고 바로 채점하지 않는 경우가 많으며, 채점할 경우 교재에 답만 고쳐 적는다.

② 문제를 풀고 채점하면서 틀린 문제는 정답지의 해설을 교재에 그대로 옮겨 적는다.

③ 문제를 풀고 채점을 한 뒤, 틀린 문제는 정답지의 해설과 비교하면서 다시 푼다.

④ 문제를 풀고 채점을 한 뒤, 틀린 문제는 다시 한 번 스스로 풀어보고, 나의 풀이와 해설을 비교한다.

⑤ 틀린 문제에 틀린 횟수를 문제집에 표시하여 풀고, 해당 내용을 학습한 뒤 정확히 맞을 때까지 반복해서 푼다.

23. 시험의 기술

⓪ 1번부터 차례대로 문제를 풀며, 모르는 문제가 나오면 그냥

찍고 넘어간 뒤 남는 시간에는 잠을 잔다.

① 모르는 문제는 표시해두고 문제를 모두 푼 뒤, 표시된 문제만 다시 풀어보고 모르면 찍는다.

② 차례대로 문제를 풀며, 모르는 문제는 체크한 뒤 다시 풀고, 문제와 내가 선택한 답만 보면서 시험지를 검토한다.

③ 어려운 문제보다 쉬운 문제를 먼저 푼다. 어려운 문제는 나중에 살펴보며 끝까지 고민하느라 검토할 시간이 부족하다.

④ 핵심 공식, 용어는 시험지를 받자마자 적어 둔다. 어려운 문제는 마지막에 풀고, 시험지 검토 시간을 확보하여 문제를 한 번 더 푼다.

⑤ 시험지를 훑어 쉬운 문제와 어려운 문제를 분리한 뒤 전략을 세워 풀이한다. 쉬운 문제는 먼저 검토하여 끝낸 뒤 남는 시간은 어려운 문제 해결에 집중한다.

24. 자기반성

⓪ 나는 학습결과에 관심이 없고, 이전 학습에 대해서는 잊어버린다.

① 나의 학습결과가 좋지 않은 것은 학습 내용이 너무 어려웠기 때문이라고 생각한 뒤 잊어버린다.

② 나는 이번에는 실수가 많아서 결과가 나오지 않았다고 생각하며, 다음에는 이런 실수를 하지 않겠다고 다짐을 한다.

③ 나는 학습 결과를 보고 부족한 부분이 무엇인지 판단 가능하나, 이를 개선하기 위한 구체적인 방법은 생각하기 힘들다.

④ 나는 학습의 과정과 결과를 분석하여 구체적인 개선 방법을 찾을 수 있지만, 간혹 확신이 들지 않아 불안하다.

⑤ 나의 학습 과정과 결과에 대해 정확한 분석과 판단이 가능하며 이를 개선하기 위한 구체적인 방법과 계획이 명료하다.

25. 전략 재수립

⓪ 나는 따로 학습전략을 세우거나 수정하지 않으며, 그날그날 되는대로 공부한다.

① 다른 사람이 세운 전략이 가장 효과적이라고 생각하여 그대로 따라 세운다.

② 전체 점수를 올리기 위해서 주로 잘하는 과목이나 암기 과목을 중심으로 전략을 세운다.

③ 상위권의 전략에 관심이 많으나 이를 나에게 맞추어 수정하지 않고 그대로 따라 세운다.

④ 나의 전략의 문제점이 무엇인지 판단한 뒤, 이를 나의 전략에 반영하지만 확신이 들지 않아 불안하다.

⑤ 나의 전략의 문제점을 파악한 뒤, 자기반성을 토대로 과목별 학습 전략과 구체적인 학습습관을 재수립한다.

각 요소별 점수를 다음 표에 기입하여 봅시다. 기입이 끝났다면 모든 수를 더해 보세요. 더하기가 끝났다면, 그 수를 다시 25로 나누어 봅시다. 몇 점이 나오나요?

항목		1차 측정 년 월 일	2차 측정 년 월 일	3차 측정 년 월 일	4차 측정 년 월 일	5차 측정 년 월 일
학습 시간	1. 자가학습시간					
	2. 절제력					
	3. 집요함					
	4. 집중력					
학습 전략	5. 자가진단					
	6. 학습 도구 탐색					
	7. 학습플래너					
	8. 중장기 계획표					
학습 방법	9. 학습 흐름					
	10. 문장이해력					
	11. 배경지식					
	12. 수업 듣기					
	13. 공식, 법칙 사고력					
	14. 그래프, 실험 결과 사고력					
	15. 지도, 도표 사고력					
	16. 독해 사고력					
	17. 노트 필기법					
	18. 단어장 활용법					
	19. 연습장 활용법					
	20. 오답 정리법					
	21. 암기법					
	22. 문제집 활용					
	23. 시험의 기술					
학습 평가	24. 자기반성					
	25. 전략 재수립					
합계						
평균						

계산해서 나온 평균 점수가 여러분의 공부레벨입니다. 레벨별 공부 수준은 다음의 그림에서 확인할 수 있습니다.

공부공식은 영역 간에 곱하기로 구성되어 있습니다(공부공식= 학습시간 × 학습전략 × 학습방법 × 학습평가). 왜 곱하기로 연결되어 있을까요? 각 영역이 곱하기로 연결된 이유는 4개의 영역 중 한 가지 영역이라도 제대로 실행되지 않아 0이 되면, 전체 값이 0이 되어 성적이 올라가지 않음을 의미하기 때문입니다. 예를 들어서, 우리가 좋은 학습법을 알고 있더라도 공부를 전혀 하지 않아서 학습시간이 0이라면, 성적은 오르지 않게 됩니다(어떤 숫자라도 0을 곱하면 그 수는 0이 되죠?). 반대로 아무리 공부를 많이 해도, 학습전략이 없는 상태, 학습방법을 모른 상태, 즉 학습법이 0인 상태로 공부한다면, 그 역시도 성적의 변화는 없게 되는 것이죠. 공부공식의 각 영역이 곱하기로 연결된 이유입니다.

자신의 공부레벨을 확인한 후 기뻐하는 학생도, 실망하는 학생도 있을 텐데요. 설사 실망한 학생이 있더라도 이제 막 수업을 시작한 것이니 용기를 가지고 수업을 끝까지 마쳐주길 바랍니다. 모든 수업을 마치고 나면 모든 학생이 레벨5의 공부습관을 익힐 수 있을 테니, 여러분 모두가 수업에 집중해서 좋은 결과 있기를 기원하겠습니다!

 오늘의 코칭 질문

★ **다음의 질문에 자기 생각을 적으면서 수업 내용을 정리해 보세요.**

_ 나는 나의 공부레벨이 몇 정도일 거라 기대를 하고 있었나요?

_____

_ 나의 공부레벨이 만족스럽지 못하다면, 이유는 무엇인가요? 어떤 부문을 개선하면

공부레벨이 개선될까요?

_____

_ 수업을 통해 새롭게 알게 되었거나 느낀 점이 있나요?

_____

📝 하루에 몇 시간 동안 자기주도학습을 하나요?

공부를 잘하려면 전제 조건이 있는데, 일단은 공부해야 한다는 것이고요. 되도록 공부를 많이 해야 한다는 것입니다. 너무 당연한 말을 했나요? 공부에 투자하는 시간은 적으면서 공부를 잘하고 싶다면, 그것은 약간의 욕심이 아닐까 생각합니다. 공부를 안하고도 성적이 잘 나올 수 있는 방법을 찾을 수 있으면 정말 좋으련만, 매니저는 마술사도 아니고 초능력자도 아니기에, 아직 공부를 안 하고도 성적이 잘 나오는 방법을 찾지 못했답니다.

그렇다면, 하루에 몇 시간을 공부하는 것이 실력 향상에 도움이 될까요? 평소에 이런 질문을 스스로에게 던지고 그 답을 찾아보는 것이 메타 인지입니다. 대부분의 학생들이 같은 지능을 가지고 있다고 가정했을 때, 우리가 상위권이 되려면, 적어도 상위권 학생들만큼 시간을 투자하여 공부해야 상위권과 비슷한 성적이 나올 것입니다. 상위권들이 몇 시간을 공부하는지도 모른 채 무턱대고 공부를 하고 있다면, 메타 인지가 제대로 작동한다고 보기 어렵습니다.

시간에 대한 메타 인지

1. 상위권의 공부 시간을 알고 인지하는 것

2. 상위권의 공부 시간과 자신의 공부 시간을 비교해 보는 것

3. 자신의 부족한 공부 시간을 인지하고 공부 시간을 채워 보는 것

학습 매니지먼트 전문가인 에듀플렉스 학습매니저들은 평일 기준으로 초등학생은 하루에 2시간, 중학생은 3시간, 고등학생은 4시간 이상을 스스로 공부할 것을 권장합니다. 최소한 이 정도의 시간은 투자해야 수업 시간에 배운 내용을 정리하고 복습할 시간이 있다고 판단하는 것이죠. 더 나아가 상위권이 되고 싶다면, 하루에 몇 시간을 공부하는 게 좋을까요? 다음의 그림이 상위권의 학습시간을 잘 보여주고 있습니다.

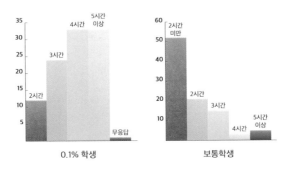

0.1% 학생   보통학생

『대한민국 0.1%』라는 책에 의하면, 보통 학생들의 경우, 학기 중에 하루 평균 2시간 미만을 공부한다고 대답한 비율이 가장 높고, 상위권 학생들은 학기 중에 하루 4시간 이상을 스스로 공부한다는 비율이 가장 높았습니다. 방학이 되면 학생들의 공부 시간은 어떻게 변화할까요? 방학 때는 공부에 투자하는 시간의 격차가 더 벌어짐을 알 수 있습니다.

보통 학생들의 경우, 방학이 되면 여유 시간이 더 많음에도 불구하고 2시간 미만으로 공부한다고 응답한 비율이 학기 때보다 더 늘어납니다. 상위권 학생들은 어떨까요? 상위권은 방학이 되면 공부 시간을 대폭 늘리게 되는데요. 하루에 5~10시간을 공부한다는 학생의 비율이 가장 높고요. 상당수의 학생이 하루 12시간 이상을 공부한다고 응답했습니다.

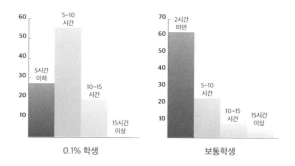

이렇듯 방학을 지나고 나면, 상위권 학생과 일반 학생의 격차는 더 심하게 벌어집니다. 여러분은 몇 시간을 공부 시간으로 확보하고 있나요? 학기 때는 몇 시간을, 방학 때는 몇 시간을 공부에 투자하고 있나요? 학기 때와 방학 때의 공부 시간에 차이가 있나요?

공부 시간의 확보와 관련하여 한 가지 팁을 더 드리자면, 평일에 공부를 열심히 했다고 주말에 공부하지 않고 노는 학생들이 있는데요. 학기 중에 하루 평균 4시간을 평일에 확보했다면, 4시간 곱하기 5일을 해서 총 20시간을 공부하게 됩니다. 우리가 5일을 열심히 공부했으니까 주말 2일은 쉰다고 생각을 하면, 큰 착각이라는 것을 말해주고 싶은데요. 주말에 우리가 확보할 수 있는 공부 시간은 몇 시간 정도 될지 생각해 봅시다. 여러분이 마음먹고 주말에 공부 시간을 확보하고자 한다면, 하루에 적어도 10시간 정도는 확보할 수 있습니다. 하루 10시간 × 2일하면 몇 시간이 확보되나요? 20시간의 시간이 확보되는 것이지요. 놀랍게도 주말에 확보한 2일의 공부 시간과 평일에 확보한 5일의 공부 시간이 같게 됩니다.

평일 5일 동안 확보한 공부 시간 = 주말 2일 동안 확보한 공부 시간

정말로 성적을 올리고 싶고, 공부를 잘하고 싶다면, 주말 2일동안 시간을 확보하여 공부를 알차게 하는 습관이 필요합니다. 평일 5일간 확보한 공부 시간과 주말 2일간 확보한 공부 시간이 같다는 사실을 꼭 기억하기 바랍니다.

TIP. 상위권으로 도약하기 위해 필요한 시간 확보 방법

방학 때 공부 시간을 늘릴 것! 그리고 주말 공부 시간을 확보할 것!

 오늘의 코칭 질문

★ 다음의 질문에 자기 생각을 적으면서 수업 내용을 정리해 보세요.

_ 나는 학기 중과 방학 중 확보한 공부 시간의 양이 얼마나 되나요?

_____

_ 주말 2일 동안 나는 얼마나 많은 시간을 공부에 투자하나요? 상위권과 비슷한 공부 시간을 확보하고 있나요?

_____

_ 수업을 통해 새롭게 알게 되었거나 느낀 점이 있나요?

_____

✎ 어떤 꿈이 있기에 공부를 할까요?

　공부하든 일을 하든 우리가 시간을 투자해서 무언가를 할 때, 항상 목표가 있기 마련입니다. 여러분은 어떤 목표를 이루기 위해 공부를 하고 있나요? 목표라는 말을 꿈이라는 말로 바꾸어 사용해도 좋습니다. 여러분은 어떤 꿈이 있나요? 커서 어떤 사람이 되고 싶나요? 가지고 싶은 직업이 있나요? 이런 질문들은 모두 여러분의 목표를 묻고 있습니다. 목표가 크든 작든, 단기간에 이루어지든 장기간의 시간이 필요하든 상관없습니다. '시작이 반이다'라는 속담이 있죠? 여러분이 스스로 만든 목표가 있는 것만으로도 목표의 50%는 이미 달성한 것입니다.

　스스로 공부를 하는 이유, 공부에 대한 목표를 가지고 있는지를 점검하는 것은 상당히 의미가 있는 작업입니다. 목표를 가진다는 것 자체가 학습 동기의 중요한 부분이 됩니다. 학습 동기가 결여된 공부는 망망대해에 표류하는 돛단배와 같습니다. 파도와 같은 시련이 왔을 때 공부압박, 스트레스를 견디지 못하며 공부가 좌초될지도 모르기 때문입니다. 그러므로 우리는 등대와 같은, 북극성[1]과 같은 목표로 공부에 임할수록 방향을 잃지 않고 하루하루 성실히 공부에 임할 수 있게 됩니다.

　우선은 자신에게 뚜렷한 목표가 있는지 점검을 하고요, 아직 목표가 뚜렷하지 않거나 없는 친구가 있다면, 목표를 정할 수 있도

1　하늘의 북극에 있는 별로 예로부터 북쪽 방위를 찾는 길잡이 구실을 해왔다.

록 윤맴이 도와드리겠습니다. 우리가 정할 수 있는 목표는 크게 3가지가 있는데요. 첫째는 직업, 진로에 관한 목표입니다. 우리는 종종 직업과 진로를 혼동합니다. 보다 쉽게 설명하면 직업보다 진로가 더 큰 의미를 가집니다. 예를 들어, '의학 분야에서 일하고 싶다'라는 꿈과 '의사가 되고 싶다'라는 꿈이 있다면, '의학 분야에서 일하고 싶다'가 진로에 해당되고, 의사, 간호사, 약사, 물리치료사 등이 직업에 해당됩니다. '인간의 수명을 연장하는 일을 하고 싶다'라는 진로가 생겼다면, 의사, 간호사, 약사 외에도 기계공학과나 전자공학과를 나와서 의공학자가 될 수도 있고요, 컴퓨터공학을 전공해서 개인에게 가장 이상적인 식단을 짜주는 프로그램의 개발자가 될 수도 있습니다. 이렇듯 의학 분야에서 일하고 싶다고 해서 모두 의사가 되는 것은 아니랍니다. 우리가 장래희망을 정할 때는 직업을 떠올려 보는 것도 중요하지만, 직업을 정하기에 앞서 진로를 먼저 정하는 것이 직업 선택에 많은 도움을 줍니다.

목표가 꼭 직업과 연관될 필요는 없습니다. 중·고등학교 시절에는 다양한 진로나 직업을 생각할 수 있기에 진로를 정하기가 쉽지 않다면, 대학이나 학과에 대한 목표를 만들어 보는 것도 방법입니다. 특정한 대학을 가고 싶은 학생들도 있고, 특정한 학과를 가고 싶은 학생들도 있는데요. 선생님이 되고 싶다면, 교대나 사범대를 목표로 잡을 수 있고요. 유행했던 드라마 '태양의 후예'에 나오는 군인처럼 되고 싶다면, 사관학교나 군사학과를, 경찰이 되고 싶다면 경찰대학이나 경찰행정학과를 목표로 설정할 수 있습니다. 사관학교를 졸업한다고 해서 평생 군인으로 살아가는 것은 아니니,

나는 군인이 목표가 아니니까 사관학교를 포기한다고 생각할 필요는 없답니다. 사관학교를 졸업할 경우, 군 생활을 일반인보다 오래 하는 것은 사실이지만, 5년간의 의무복무 기간이 끝나면 군을 전역해도 상관이 없습니다. 사관학교를 졸업한 후 5년간의 복무 기간을 마치고 일반대학의 대학원을 진학하거나 일반기업에 취업하는 사람들도 있으니 목표를 정할 때 참고하기 바랍니다. 사관학교의 장점이라면, 학비가 전액 국가장학금이라는 것, 튼튼한 신체를 가질 수 있다는 것, 장교로 군 복무를 하므로 군 복무 중에 공무원 월급을 받을 수 있다는 것 등 여러 가지 장점이 있습니다. 한 가지 더 정보를 드리면, 사관학교에도 일반 대학처럼 학과가 있습니다. 경영학, 법학 등 다양한 전공을 선택할 수 있고 졸업장엔 전공이 적혀 나옵니다.

마지막으로 당장 어느 대학, 학과를 진학해야 할지 결정이 어렵다면, 점수를 목표로 잡을 수 있습니다. 대학이나 학과 목표를 결정하지 못했더라도 우선은 내신 성적이나 모의고사 등급을 올려놓아야 대학이나 학과를 선택하는 데 유리하겠지요? 내신 성적이 높다는 것은 학교나 학과에 대한 선택의 폭이 그만큼 넓어짐을 의미하므로 당장 진로목표가 없더라도 점수목표는 꼭 세워보기 바랍니다.

우리에게 꼭 거창한 목표나 꿈이 필요한 것은 아닙니다. 80점 받던 국어를 90점으로 만들기 위해 노력했고, 목표를 간절히 원했기에 실제로 노력하여 이루었다면, 그것으로도 만족감은 클 것입니다. 여러분은 당장 다음 시험에서 어떤 목표를 가지고 있나요? 나아가서 어떤 미래를 꿈꾸며 살고 있나요? 여러분의 목표 실현을 윤맴이 응원합니다!

오늘의 코칭 질문

★ **다음의 질문에 자기 생각을 적으면서 수업 내용을 정리해 보세요.**

_ 나에게는 어떤 꿈이 있나요?

_____

_ 희망하는 진로나 직업은 정해져 있나요? 정해져 있지 않다면 어떤 걸림돌이 있나요?

_____

_ 수업을 통해 새롭게 알게 되었거나 느낀 점이 있나요?

_____

✏️ 완벽한 공부계획을 세울 수 있나요?

목표가 세워졌다면, 목표를 달성시켜줄 계획을 만드는 게 중요합니다. 메타 인지는 자신이 목표가 있는지 없는지를 인지하는 것을 바탕으로 목표가 있다면 그 목표를 달성하기 위해 스스로 계획을 세울 수 있는지, 자신이 세운 계획이 목표를 달성시켜주기에 타당한지 등을 점검하는 것까지 포함합니다.

헬스클럽에서 운동한 적이 있나요? 다이어트가 목적이든 근육을 만들어 몸짱이 되는 게 목적이든 헬스클럽에서 운동하게 되면, 제일 먼저 하는 것이 몸 상태를 체크하는 것입니다. 현재 키와 몸무게를 말해 준 후, 그에 따른 근육량이 적다든지, 지방이 많아서 비만이라든지 등의 분석 결과가 나오게 되는데요. 그 분석 결과에 의해서 운동량이 처방되고, 천천히 목표 운동량에 도달할 때까지 페이스를 올리게 됩니다. 처음부터 무리하게 운동을 하면, 며칠을 못 가서 근육통으로 앓아눕게 되지요.

공부도 마찬가지입니다. 공부하기로 마음을 먹고 목표를 세운 후, 처음부터 무리한 공부계획을 세우면, 며칠을 못 가서 공부가 질리게 됩니다. 평소 영어단어를 전혀 외우지 않던 학생이 갑자기 하루에 단어 100개를 외우려 한다면, 어떻게 될까요? 설사 며칠은 외울지 몰라도 이내 단어 암기가 재미없어지고 어마어마한 양에 자포자기하게 됩니다.

운동하다 보면, 운동량을 조절하는 것만큼 중요한 것이 식단을 조절하는 것인데요. 우리는 운동을 본격적으로 할 때 매일 몇

kcal를 섭취해야 하고, 근육을 위해 삶은 달걀이나 닭가슴살을 몇 g 먹어야 하는지 등을 꼼꼼하게 계획을 세워서 실천하게 됩니다. 이처럼 정교하게 짜인 식단표나 운동처방이 같은 시간을 투자하더라도 훨씬 빠르게 몸을 몸짱으로 만들어 주게 되지요.

공부할 때도 무턱대고 공부를 시작하면, 작심삼일이 되기 쉽습니다. 공부하겠다고 마음을 먹었다면, 우선은 공부계획을 철저하게 세워야 합니다. 계획을 세우는 구체적인 방법은 뒤에서 다시 설명하도록 할 텐데요. 지금 시점에서 무엇보다 중요한 것은 그동안 공부를 하면서 스스로 공부 계획을 세워봤냐는 것입니다.

과목	교재	1월 W1	W2	W3	W4	2월 W1	W2	W3	W4
국어	예비 매3비	전범위 1회독 완료							
	예비 매3문	전범위 1회독 완료							
	재미있는 국어 문법	1회독 완료							
	국어1 자습서 (천재 박영목)							1회독 완료	
	리얼 고1 모의고사	2회	3회	4회	5회	6회	7회	8회	9회
	전략	지문 분석 꼼꼼히, 갈래별 지식 쌓기							
영어	예비 매3영 영어 독해	전범위 완료							
	매3영 고1 영어 독해					1~10데이까지 학습			
	워드마스터 하이퍼 2000	1회독 완료				2회독 완료		3회독	
	grammar Zone 기본편 1~2	1권 완료				2권 1회독 완료			
	수능만만 듣기 20회	1~14회 완료							
	전략	단어 암기 7회독 이상, 빈칸 추론 집중 연마							
수학	수학1 수학의 바이블	1회독 완료							
	수학2 수학의 바이블					함수~수열 1회독 완료			
	씨뮬 고1 모의고사	1회	2회	3회	4회	5회	6회	1회	2회
	전략	개념 탄탄히, 반복 통해 유형별 정복하기							

지금 보고 있는 계획표는 고등학교 1학년 상위권 학생의 공부계획표인데요. 어떤가요? 과목별 교재 리스트, 교재별 회독 수, 매일 공부해야 할 양 등 매우 정교하게 계획이 짜여 있음을 알 수 있습니다. 이런 계획표를 누가 짰을까요? 당연히 고1 학생이 스스로 짠 것이지요. 이 시점에서 우리는 다음과 같은 질문을 스스로에게 던져보아야 합니다.

"나는 그동안 공부계획을 세워봤던가?"

"현재의 나는 이렇듯 정교한 공부계획표를 스스로 짤 수 있는가?"

메타 인지 훈련이 끝나고 나면, 여러분도 이런 계획을 세울 수 있게 될 테니 열심히 수업에 임해주길 바랍니다!

오늘의 코칭 질문

★ 다음의 질문에 자기 생각을 적으면서 수업 내용을 정리해 보세요.

_ 나는 그동안 공부계획을 세워 본 적이 있나요?

_____

_ 공부계획을 짜는 데 있어서 힘든 점은 무엇인가요? 극복하기 위해 어떤 능력이나 지식이 필요한가요?

_____

_ 수업을 통해 새롭게 알게 되었거나 느낀 점이 있나요?

_____

📝 공부법을 제대로 공부해 본 적이 있나요?

다시 한 번 운동을 예로 들어보겠습니다. 운동계획이 나오고 나면, 실제로 운동을 하면서 근육을 늘리게 됩니다. 처음에는 무거운 중량보다는 가벼운 중량으로 시작하게 됩니다. 러닝머신을 이용하더라도 처음엔 적은 ㎞를 걷거나 뛰게 되죠. 그렇다면, 운동 초기에 트레이너들이 집중적으로 교정을 해주는 것은 무엇일까요?

바로 운동하는 방법, 운동하는 자세입니다. 올바르지 못한 자세로 운동하게 되면, 뼈나 근육에 무리를 줘서 몸짱이 되려고 운동을 했다가 몸짱이 될 수도 있지요. 올바른 자세가 습관이 되어 몸에 체화되면, 트레이너의 도움 없이도 스스로 운동을 할 수 있게 됩니다. 태권도나 유도 같은 운동을 배울 때도 마찬가지입니다. 처음에는 지루하게 느껴질 정도로 기본자세를 익히는데 많은 시간을 할애합니다. 그렇게 기초 수련을 거치고 나면, 비로소 대련할 수 있게 되는데요. 실전에서 실력을 발휘하기 위한 응용은 각자의 몫이 됩니다. 응용이 잘 되려면, 기본기를 철저히 익혀야 한다는 것이 무조건적인 전제 조건이죠.

공부할 때도 마찬가지입니다. 아무리 공부에 많은 시간을 투자해도 성적이 오르지 않는 학생들이 있는데요, 그 이유를 추측해본다면, 공부방법이 잘못되었기 때문입니다. 좀 더 깊게 말하면요, 잘못된 공부방법으로 공부하는 습관이 들었기 때문입니다.

곰곰이 한번 생각을 해봅시다. 그동안 같은 방법으로 꾸준히 공부했는데 성적이 그대로라면, 그동안 사용했던 노트 정리법, 암기법, 이해하는 방법, 사고하는 방법, 문제풀이 방법 등 뭐가 되었든 그 공부방법들이 여러분에게 효과가 없었다는 말이 됩니다. 그렇다면, 어떻게 해야 할까요?

그동안 잘못되었던 공부방법을 하루빨리 버리고 새로운 공부방법을 익혀야 합니다. 새로운 공부방법을 익힌다는 것이 몸에 익숙하지 않겠지만, 그동안 공부방법을 버려야 한다고 자각하는 것, 스스로 깨닫는 것만으로도 일단 작은 성공을 이룬 셈입니다. 이렇게 깨달음을 얻어가는 것, 이것이 바로 메타 인지입니다. 한발 더 나아가 새로운 공부법을 이번 기회에 꼭 익혀보겠다고 결심한다면, 더욱 좋겠습니다. 자, 새로운 공부법을 익힐 준비가 되었나요?

**오늘의
코칭 질문**

★ 다음의 질문에 자기 생각을 적으면서 수업 내용을 정리해 보세요.

_ 나는 그동안 공부계획을 세워 본 적이 있나요?

_____

_ 공부계획을 짜는 데 있어서 힘든 점은 무엇인가요? 극복하기 위해 어떤 능력이나 지식이 필요한가요?

_____

_ 수업을 통해 새롭게 알게 되었거나 느낀 점이 있나요?

_____

2교시

ㅣ

성적을 올려주는
나만의 시크릿 학습법이
있나요?

학습법을 많이 알아야
자신의 학습법이 제대로 되었는지 잘못되었는지를
점검을 할 수 있습니다.

학습법에 대한 기준을 잡고
자신의 학습법을 파악해 보는 것이 중요합니다.

학습법에 대한 메타 인지를 강화해 봅시다.

2교시

📝 공부법 배경지식 테스트

번호	문항	O / X
1	나는 10회독 학습법을 알고 있다.	
2	고승덕 변호사의 단권화 전략을 알고 있다.	
3	CHAMP 학습법의 C, H, A, M, P 의미를 알고 있다.	
4	수업을 통해 메타 인지를 향상시키는 방법을 알고 있다.	
5	교무실에 자주 가서 질문한다.	
6	나만의 언어로 과목별 노트 정리를 하고 있다.	
7	내용정리를 위해 마인드맵을 활용하고 있다.	
8	백지테스트 방법을 알고 있다.	
9	문제집을 푸는 목적을 알고 있다.	
10	나는 최소한 30분 이상 앉아서 공부하는 절제력이 있다.	
11	나는 모르는 문제를 꼭 풀고 말겠다는 집요힘이 있다.	
12	나는 집중력을 높여주는 포모도로 훈련법을 알고 있다.	

10개 이상	고수	축하드립니다. 당신은 공부법 고수입니다. 수업을 들으면서 그동안 알고 있었던 공부법을 되새겨 보면서 정리하는 시간을 가져 보기 바랍니다.

6~9개	중수	몇 가지 학습법을 이미 알고 있군요? 당신은 공부법 중수입니다. 수업을 통해 모르고 있었던 공부법을 추가하여 강력한 공부법 고수가 되길 바랍니다.
5개 이하	하수	그동안 성적이 오르지 않았던 이유가 있군요? 공부법 하수라고 해서 좌절은 금물입니다. 수업을 통해 다양한 공부법을 익히고, 나만의 시크릿 공부법을 만들어 보세요. 공부법 고수로 거듭날 것입니다. 힘을 내세요!

📝 내신 전교 1등은 어떻게 공부할까요?

10회독 학습법을 통해 전교 1등을 했다는 김연정 학생의 공부법이 EBS '공부의 왕도'에 소개가 되었는데요. 내신시험 공부에 특히 효과가 있는 10회독 학습법은 과연 무엇일까요? 김연정 학생은 내신시험을 대비하기 위해 시험 범위를 무려 10번을 공부했다고 합니다. 이렇듯 시험 범위를 10번 공부했다는 뜻에서 10회독 학습법이라고 이름이 붙여졌습니다. 김연정 학생은 고등학교 시절, 내신시험을 어떻게 대비해야 할지 고민을 하였고, 김연정 학생의 아버지는 고승덕 변호사의 '7회독 학습법'을 추천했습니다. 고승덕 변호사가 사법시험을 준비하면서 책을 7번 반복 학습한 후, 시험에 합격한 사실을 알게 된 김연정 학생은 머리 좋은 고승덕 변호사가 7회독을 했으니, 자신은 10회독을 해야겠다고 마음을 먹게 됩니다. 10회독 학습법을 처음 시도할 당시 10회독을 채우지 못했지만, 7~8회독을 공부하고도 전교 2등을 달성하여 10회독 학습법이 효과가 있음을 확신하게 되는데요. 그 후, 다음 시험에서는 10회독 학습을 완성하였고, 그 결과 전교 1등을 할 수 있게 되었다는 성공담입니다.

여기서 한가지 드는 의문점이 있습니다. 중간고사나 기말고사까지 30~40일밖에 남지 않았는데, 어떻게 과목별로 10회독 학습이 가능했을까요? 예를 들어, 지리 과목을 시험공부한다고 했을 때, 시험 범위가 60쪽 분량이라면, 시험까지 30일이 남았고 10회독을 해야 하니까 3일마다 1회독, 하루에 20쪽씩 공부를 해야 한다는 계획이 나옵니다. 하루에 지리 20쪽을 공부하려면 할 수도 있겠지만, 우리에게는 지리뿐만 아니라 국어도, 수학도, 영어도 있으니, 지리만 하루에 20쪽씩 공부하기에는 시간이 부족할 것 같습니다.

김연정 학생은 10회독 학습의 비밀을 다음과 같이 설명하고 있습니다. 우선은 1회독을 할 때 가장 많은 시간을 투자하라고 조언합니다. 시험까지 30일이 남았다면, 1회독할 때 10일을 사용하고, 2회독에 7일, 3회독에 5일, 4회독에 3일 등 회독 수가 늘어날수록 머릿속에 남아 있는 지식의 양이 많아지므로, 복습하는 시간을 줄여나갈 수 있다는 것이죠. 그러면서 동시에 '누적학습법'을 사용했는데요. 누적학습법이란 1일 차에 공부한 분량을 2일 차, 3일 차에도 반복하는 것으로, 총 60쪽의 분량을 10일간 1회독을 학습하기로 계획했다면, 1일 차 때 공부한 6쪽의 분량을 2일 차와 3일 차에도 함께 학습하는 것입니다. 3일 차가 되었을 때, 총 18쪽을 공부해야 하므로 공부량이 많다고 느낄 수 있지만, 이미 공부한 내용을 복습하는 것이기 때문에 생각보다 공부 시간은 많이 늘어나지 않게 되는 거죠. 이렇게 학습을 하면, 1회독 공부할 시간에 총 3회독의 학습을 진행하는 효과가 발생합니다.

10회독 학습법 예시: 지리

★ 지리 시험 범위 교과서 10~69쪽까지 60쪽 분량을 30일 간 10회독 한다고 가정했을 때

	~15쪽	~21쪽	~27쪽	~33쪽	~39쪽	~45쪽	~51쪽	~57쪽	~63쪽	~69쪽
1일차										
2일차										
3일차										
4일차										
5일차										
6일차										
7일차										
8일차										
9일차										
10일차										

11일차								
12일차								
13일차								

10회독 학습법의 원리를 이해했나요? 내신 성적이 유독 약했던 친구가 있다면, 10회독 학습법을 적극 추천합니다. 처음부터 모든 과목에 10회독 학습법을 적용하는 것은 무리가 있더라도 평소 좋아하거나 자신 있었던 과목부터 10회독 학습법을 적용해 보는 건 어떨까요? 이대로 공부한다면 여러분도 전교 1등이 눈앞에 보이게 될 겁니다.

 오늘의 코칭 질문

★ 다음의 질문에 자기 생각을 적으면서 수업 내용을 정리해 보세요.

_ 나는 내신시험 대비를 위해 과목별로 몇 회독 학습을 진행했나요?

_____

_ 우리 학교 내신시험의 경우 몇 회독 학습을 하면, 100점 혹은 1등급이 나올 것으로 예상하나요?

_____

_ 수업을 통해 새롭게 알게 되었거나 느낀 점이 있나요?

_____

📝 고시 3관왕 공부 천재의 공부법이 궁금한가요?

공부 천재 고승덕. 사람들은 그를 왜 공부 천재라고 부를까요? 요즘은 법조인(판사, 검사, 변호사)이 되기 위해 로스쿨을 가야 하고, 외교관이 되기 위해 국립외교원에 가야 하지만, 과거에는 법조인이 되기 위해 사법고시를, 외교관이 되기 위해 외무고시를, 고위공무원(5급)이 되기 위해 행정고시를 합격해야 했습니다. 여러 고시 중에서 하나의 고시만 준비하는데도 몇 년의 시간이 걸리니, 옛날에는 어떤 고시든 합격하면 온 집안의 경사로 여기고, 마을에서 플랜카드를 만들어 걸어놓을 정도로 고시 합격을 대단하게 생각했습니다. 고승덕 변호사는 이 세 고시를 모두 합격한 '고시 3관왕'입니다. 공부 천재로 인정하나요? '고시 3관왕'의 고승덕 변호사가 대단한 이유 중 하나는 사법고시는 최연소로, 행정고시는 수석으로, 외무고시는 차석으로 합격했다는 사실입니다. 그 어렵다는 고시를 3개나 합격하면서 동시에 수석, 차석, 최연소로 합격한 고승덕. 정말로 공부 천재가 맞겠지요? 공부 천재는 어떤 방법으로 공부했는지 알아보도록 하겠습니다.

공부 천재의 단권화 전략

1. 시중에서 가장 많이 팔리고 인기있는 책 2권을 산다.

2. 2권 중 한 권을 메인 책, 다른 한 권을 서브 책으로 정한다.

3. 먼저 메인 책을 1회독 한다.

4. 메인 책을 공부한 후, 서브 책을 공부하면서 메인 책에 없는 내용을 메인 책으로 옮겨적는다.

5. 서브 책 공부가 끝나고 나면, 메인 책을 추가로 5회독 공부한다.

공부 천재 고승덕 변호사가 전하는 공부 방법 중 대표적인 것이 '단권화 전략'입니다. 단권화 방법을 간단히 살펴보면요, 우선 시중에서 가장 인기 있고 많이 팔리는 책 2권을 삽니다. 수학을 예로 들면, 수학의 정석, 수학의 바이블, 개념원리, 개념 쎈 등의 책 중에서 2권을 사는 것이죠.

2권의 책을 샀다면, 한 권을 메인(main)으로, 다른 한 권을 서브(sub)로 정합니다. 책이 정해졌으면 우선 메인 책을 정독하며 공부합니다. 메인 책의 공부가 끝나고 나면, 서브 책을 공부하는데요, 여기서 중요한 포인트가 있습니다. 서브 책을 공부하면서 메인 책에는 없는데 서브 책에만 존재하는 내용을 발견했다면, 발견한 내용을 메인 책에 옮겨 적거나 포스트잇을 이용해서 메인 책에 적어 붙여야 합니다. 이렇게 서브 책 공부를 끝내고 나면, 2권의 책이 메인 책 한 권으로 단권화가 자연스럽게 되어진 것입니다. 이렇게 단권화가 끝나고 나면 메인 책을 추가로 5회독 공부를 하는데요,

이것이 바로 '고승덕의 7회독 학습법'입니다.

단권화 전략을 이용하면 나에게 도움될 만한 과목이 있나요? 단권화 전략을 이용하기에 적당한 과목이 있다면, 어떤 과목일까요? 단권화 전략을 이용하면 100점이 나올 것 같은 과목들을 떠올려 봅시다.

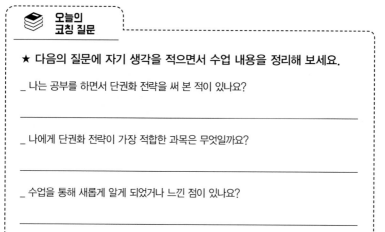

오늘의
코칭 질문

★ 다음의 질문에 자기 생각을 적으면서 수업 내용을 정리해 보세요.

_ 나는 공부를 하면서 단권화 전략을 써 본 적이 있나요?

_____

_ 나에게 단권화 전략이 가장 적합한 과목은 무엇일까요?

_____

_ 수업을 통해 새롭게 알게 되었거나 느낀 점이 있나요?

_____

📝 공부 챔피언이 된다는 CHAMP 학습법은 무엇인가요?

공부 상담을 진행하다 보면, 공부할 때 단순히 암기하고 문제를 푸는데 급급한 학생들이 있습니다. 이 학생들은 성적이 잘 나올 수가 없습니다. 공부를 흔히 암기하고 문제 푸는 것이라고 생각하는 사람들이 있습니다. 오늘 '공부 챔피언'이 되는 확실한 방법을 알려드리겠습니다. 우리는 우선 학습의 단계에 대해 이해할 필요가 있습니다. 공부는 단순히 암기와 문제풀이로 이루어지는 것이 아니라, 이해(Comprehesion)-사고(tHink)-정리(Arrange)-암기(Memorize)-문제 풀기(Problem Solving)의 5단계로 이루어집니다. 이 5단계를 착실히 밟아 공부하면, 공부의 챔피온이 된다는 뜻에서 이 학습법을 '챔프학습법'이라 부릅니다.

챔프학습법에 대한 메타 인지

1. 공부하는 데 있어 5단계가 있음을 인지한다.

2. 평소 자신의 공부는 어떤 단계가 부족했는지 점검한다.

3. 부족했던 단계를 어떤 식으로 보충할지 생각해 본다.

챔프학습법의 근거는 뭘까요? 혹시 수학의 정석이나 수학의 바이블과 같은 개념서를 가지고 있나요? 아니면 수학교과서를 한번 펼쳐 봐도 좋습니다. 우리는 책의 구성이 CHAMP와 같은 형태로 만들어져 있다는 것을 쉽게 확인할 수 있는데요. 어떤 단원이든

한번 펼쳐보세요. 제일 먼저 볼 수 있는 것이 개념 이해를 위한 설명일 텐데요. 이게 바로 학습의 첫 번째 단계인 '이해(C)'입니다. 그리고 개념이나 공식을 증명하는 부분이 나오고, 예제를 풀 수 있도록 하는데, 이 부분이 학습의 두 번째 단계인 '사고(H)' 파트입니다. 공식을 직접 증명해 보고, 배운 개념이나 공식이 제대로 적용되는지 예제를 풀어보면서 감각을 익히는 거죠. 그리고 공식을 정리(A)한 부분이 나옵니다. 그 다음 어떻게 하면 될까요? 공식을 외우고(M) 문제를 풀면서(P) 실전 감각을 익히게 되는 것이죠. 이렇듯, 모든 교과서나 참고서는 충실히 학습의 5단계를 따르고 있습니다. 그러니, 그동안 학습의 5단계를 간과한 채, 암기와 문제 풀이에만 급급했다면, 오늘부터라도 챔프학습법에 따라서 공부해 보길 바랍니다. 과목별 챔프학습법을 좀 더 구체적으로 살펴볼까요?

국어 챔프학습법	
C 이해	글의 갈래와 그에 따른 특징을 파악하고 용어와 어휘의 뜻을 파악한다.
H 사고	글의 주제와 단락별 중심 내용을 찾으며 지문의 세부적 특징 및 표현 방법 등 내용을 분석한다.
A 정리	앞서 두 단계(C, H)의 학습 내용을 교과서에 정돈하고 보충 내용도 교과서에 옮겨 정돈한다.
M 암기	중요 암기 사항을 선별하여 암기한다.
P 문제풀이	앞선 네 단계(C, H, A, M)의 학습 내용을 적용하여 문제를 해결하고 문제 되돌아보기를 하여 마무리한다.

국어 공부의 이해(C)는 글의 갈래와 특징, 용어와 어휘의 뜻을 파악하는 것으로부터 출발합니다. 우리가 흔히 사용하는 시, 소설, 수필, 시나리오 등과 같은 말들이 갈래의 종류인데요. 좀 더 깊게 들어가면, 운문 문학의 갈래로는 향가, 고려가요, 시조, 현대시 등이 있고, 산문 문학의 갈래에는 소설, 수필, 시나리오 등이 있습니다. 갈래별로 특징이 있기 때문에 '갈래별 특징'을 미리 파악해 두면 낯선 지문을 만나더라도 문제를 푸는 데 도움이 됩니다. 뒷부분에서 자세히 설명하겠지만, 영어와 마찬가지로 모르는 용어나 어휘가 나오면, 읽을 수 있다고 해서 그냥 넘어가면 안 되고 반드시 국어사전을 이용해서 뜻을 알고 넘어가는 습관을 만들어야 합니다.

사고(H) 단계는 실제로 지문을 읽고 분석하는 것인데, 우리가 흔히 하는 국어 공부법은 어떤 방식일까요? 통상 우리는 먼저 자습서를 펼칩니다. 그리고 자습서에 나와 있는 해설을 읽고 이해한 후, 전체 암기하는데요. 이런 식으로 공부하면 내신시험은 어느 정도 점수를 받을 수 있겠지만, 수능 국어에서 고득점 하기는 힘듭니다. 시를 공부한다고 가정했을 때, 우리는 자습서를 펼쳐서 시에 대한 해설을 먼저 보기보다, 시를 읽으면서 스스로 감상하고 느끼려고 노력을 해야 합니다. 시간이 조금 걸리더라도 스스로 감상한 후에 자습서에 있는 주제, 시대 배경, 표현법 등을 확인하는 것이 사고(H) 증진에 도움이 되는 것이죠. 이렇게 이해-사고 과정을 마치고 나면, 노트나 머릿속에 내용을 정리한 후, 중요한 내용은 외우고 문제를 풀어보면서 실전 감각을 기르게 됩니다.

국어 챔프학습법을 이해하고 나니 어떤가요? 국어 챔프학습의 단계 중 간과하고 있었던 단계가 있지는 않나요? 우리는 공부할 때, 학교 수업이든 인터넷 강의이든 대체로 이해, 사고를 스스로 하는 것보다 선생님이 정리해 준 노트나 프린트를 보면서 암기하고 문제를 푸는 경우가 훨씬 많은데요. 이렇게 되면, 수능 국어에서 고득점 받기는 매우 어려워진다는 사실을 명심해야 합니다. 우리가 수능 국어에서 고득점을 받기 위해서는 시간이 걸리더라도 스스로 감상하는 시간을 가져야 한다는 사실. 잊지 않도록 합시다.

영어 챔프학습법	
C 이해	영어단어 뜻을 파악하고, 문법을 이해한다.
H 사고	끊어 읽기와 직독직해를 활용하여 구문 하나하나를 꼼꼼히 분석한다.
A 정리	문법의 내용을 도식화하고 문법 노트 만들기, 영어 단어장 만들기 등 나만의 자료를 만든다.
M 암기	문법 사항을 C, H 단계에 맞춰 암기하고 단어, 숙어 등도 백지테스트를 통해 암기한다.
P 문제풀이	문법, 어휘, 독해 스킬을 문제에 적용하여 문제를 푼다.

여러분은 그동안 영어 학습의 흐름을 이해하며 공부를 하고 있었나요? 수능을 기준으로 영어 공부의 영역을 나눠 보면, 단어, 문법, 독해, 듣기 등 4영역으로 나눌 수 있는데요. 뭐니뭐니해도 영어 공부의 첫 단계(C)는 많은 단어와 문법을 이해하고 알아 가

는 것입니다. 많은 단어가 암기되기 전까지는 모르는 단어가 나올 때마다 사전을 이용해 찾고 이해하는 연습이 필요한데요. 어느 정도 아는 단어가 생기고 나면, 굳이 사전을 찾지 않더라도 앞뒤 단어를 이용해서 문맥적으로 유추하는 요령이 생길 수 있습니다. 그 정도의 실력이 갖추어졌다면, 영어 공부를 하는 데 있어서 사고(H)할 준비가 된 것이죠.

영어 공부의 사고(H) 단계에서는 끊어 읽기와 직독직해가 핵심이에요. 이 능력은 정해진 시간 안에 주어진 문제를 정확히 풀이해야 하는 시험에서 매우 중요한데요. 단어 하나하나 찾아가며 문법에 대한 적용을 이해하고, 문장의 구조를 파악하면서 꼼꼼하게 번역하는 것이 시험의 목적은 아니기 때문에, 짧은 시간 안에 정답을 위한 전체 흐름을 이해하고 단서를 빨리 찾는 것이 시험의 포인트라 할 수 있습니다.

앞서 국어 공부와 비교해 봐도, 영어 공부의 경우, 가장 중요한 것은 이해와 사고 과정을 충분히 거치는 거라는 것을 알 수 있겠죠? 우리가 시간을 단축하기 위해서 암기에 많은 시간을 투자하지만, 실상 공부를 제대로 하려면, 과목을 막론하고 이해-사고 과정이 가장 중요함을 명심해야 합니다. CHAMP 학습법 수업을 듣고 나니, 영어 챔프 단계 중 본인에게 취약한 단계는 어느 단계인지 느낌이 오나요?

수학 챔프학습법	
C **이해**	용어의 정의와 기호의 뜻을 파악하고 이들을 사용해서 익숙해지도록 한다.
H **사고**	성질이나 법칙, 정리를 증명하고 공식을 스스로 유도해 본다.
A **정리**	목차를 보며 단원 간의 연계성을 파악하고 풀이할 때 풀이 과정을 정돈하여 풀며 오답을 정리한다.
M **암기**	중요 사항을 C, H 단계에 맞춰 암기하고 문제풀이 과정을 암기한다.
P **문제풀이**	문제를 이해하고 문제풀이 아이디어를 적는다. 실전처럼 문제를 풀어본다. 문제 되돌아보기를 하여 마무리한다.

여러분은 수학의 이해(C)단계를 충실히 이행하고 있나요? 수학도 앞서 살펴본 국어나 영어처럼 이해-사고 과정이 무척 중요합니다. 그런데, 수학에서는 이해-사고 과정만큼이나 중요한 것이 문제풀이 과정입니다. 수학은 단순히 개념이나 공식을 이해한다고 문제가 술술 풀리는 과목이 아니므로 많은 학생이 수학을 어려워하는데요. 학생들에게 이렇게 느껴지다 보니, 수포자(수학을 포기한 자)가 많이 생겨나는 과목이기도 합니다.

하지만, 수학은 포기하지 않고 공부하는 것 자체만으로 우리에게 최소 5등급 이상의 성적을 안겨준다는 사실을 기억한다면, 수학을 포기하고 싶은 마음이 조금은 줄어들지 않을까요? 천천히 이해-사고-정리-암기-문제풀이 과정을 거치면서 느리더라도 꼼꼼하게 공부하는 것이 좋겠습니다.

수열을 배운다고 생각해 볼까요? 수열은 무슨 뜻일까요? 수열은 숫자가 나열되어 있다는 뜻인데요. 2, 4, 6, 8처럼 2씩 균등하게 차이를 보이며 숫자가 나열되었다고 해서 등차수열이라고 하고, 2, 4, 8, 16처럼 2라는 일정한 비율로 곱해지거나 나누어졌다고 해서 등비수열이라고 합니다.

함수는 무슨 뜻일까요? 함이 있는데 그 속으로 숫자가 들어가서 계산된 후에 어떤 수가 나온다는 뜻입니다.

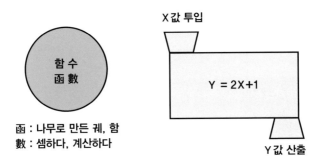

函 : 나무로 만든 궤, 함
數 : 셈하다, 계산하다

이렇듯 단원명의 뜻뿐만 아니라 다양한 용어와 기호 등에 익숙해 지고 이해(○)하는 단계를 거치다 보면, 수학에 대한 부담이나 반감을 줄일 수 있습니다. 수학 공부에 대한 자세한 방법은 다시 설명하기로 하겠습니다.

사회탐구 챔프학습법	
C 이해	용어의 뜻을 파악하여 용어가 사용된 사례를 만들고 기본 개념을 파악한다.
H 사고	사회 현상과 원인에 대해 파악한다. 학습 목표, 그림, 도표, 지도를 본문과 연관해서 학습한다.
A 정리	기본서를 단권화하는 작업이 필요하며 서브 노트와 오답 정리를 한다.
M 암기	중요 사항을 C, H 단계에 맞춰 암기하고 학습 목표, 그림, 도표, 지도를 백지에 그리고 본문과 관련된 내용을 설명해 본다.
P 문제풀이	앞선 네 단계(C, H, A, M)의 학습 내용을 적용하여 문제를 해결하고 문제 되돌아보기를 하여 마무리한다.

사탐은 대표적으로 암기를 많이 해야 하는 과목입니다. 암기하더라도 이해, 사고 과정을 충분히 거치면 암기가 훨씬 수월해지는데요. 한국사를 예로 들어볼까요? 한국사는 쉽게 생각하면 사람이 살아가는 이야기입니다. 왕이 사냥을 나갔는데 길에 나앉아 울고 있는 사람이 있었어요. 왜 울고 있냐고 물으니 먹을 밥이 없다는 거죠. 이런 사람이 많아지면 민심이 어떻게 될까요? 민심이 안 좋아지면 또 어떻게 될까요? 민란이 일어나면 큰일이니, 민심의 동요를 막고자 나라가 가지고 있던 쌀을 겨울에 빌려주고, 다음 해 가을에 싼 이자를 붙여서 돌려받기로 했는데, 이게 바로 고구려의 진대법입니다. 요즘 우리나라를 보면 노인 인구가 증가하는데, 노년층이 직업을 제대로 가져서 돈을 벌기는 힘든 사회구조입니다. 그렇게 되면 노인빈곤층이 확대되는데, 이걸 해결하려면 어떻게 해야 할까요? 그래서 기초노령연금을 2배로 확대해서 노

년층의 삶을 개선하겠다고 공약이 나온 겁니다. 이런 식으로 무조건 '고구려의 진대법' '박근혜 대통령의 기초노령연금 2배 인상'으로 암기하는 것보다 배경을 이해하고 스스로 정리하는 시간을 가지면 암기도 훨씬 수월하게 됨을 느낄 수 있습니다.

사탐을 공부할 때는 되도록 내용을 짤막하게 요약해 놓은 자습서나 문제집을 가지고 공부하는 것보다 교과서처럼 이해가 충분히 될 수 있도록 줄글로 구성된 책을 공부하는 것이 좋습니다. 두께가 얇고 요점정리가 되어 있는 참고서가 암기에 도움을 줄 것 같지만, 이해가 되지 않으면 오히려 자습서나 문제집의 요점정리가 암기하는데 더 오랜 시간이 걸릴 수 있음을 생각해야 합니다. 짤막하다고 해서 암기하기 좋고 시간 절약에 도움을 주는 것이 아님을 명심해야겠습니다.

과학탐구 챔프학습법	
C 이해	용어의 뜻과 기본 개념을 파악하고 공식이나 실험은 무엇이 있는지 파악한다. 개념 이해가 잘 안 되면 우선 문제부터 풀어보는 것도 한 방법이다.
H 사고	현상의 원인과 결과에 대해 파악하고 학습 목표, 그림, 그래프, 실험, 공식을 본문과 연관지어 학습한다.
A 정리	기본서를 단권화하는 작업이 필요하며 서브 노트와 오답 정리를 한다.
M 암기	중요 사항을 C, H 단계에 맞춰 암기하고 학습 목표, 그림, 도표, 지도를 백지에 그리고 본문과 관련된 내용을 설명해 본다.
P 문제풀이	앞선 네 단계(C, H, A, M)의 학습 내용을 적용하여 문제를 해결하고 문제 되돌아보기를 하여 마무리한다.

과탐은 대표적인 이해과목이지만, 암기도 무시할 수 없습니다. 과탐 학습의 핵심은 일단 실험이나 그래프를 제대로 이해하고 해석할 수 있는 능력을 기르는 것이지만, 사탐 과목만 암기할 것이 많다고 주장하는 문과생들에게 화학, 생물 등 과탐도 암기할 양이 상당히 많음을 알려줄 필요가 있겠습니다. 다만, 요즘 수능 문제의 추세는 단순 암기로 문제를 푸는 것이 아니므로, 공부할 때 실험이나 반응의 매커니즘[2]을 제대로 이해하고 왜 그런지 의문을 품으면서 공부하는 것이 필요합니다. 실험을 아무런 이해도 없이 무작정 외우는 학생은 없기 바랍니다.

오늘의 코칭 질문

★ 다음의 질문에 자기 생각을 적으면서 수업 내용을 정리해 보세요.

_ 챔프학습법의 C, H, A, M, P는 각각 무엇을 의미하나요?

_____

_ 그동안 공부를 하면서 챔프학습법이 가장 필요했던 과목은 어떤 과목이었나요?

_____

_ 수업을 통해 새롭게 알게 되었거나 느낀 점이 있나요?

_____

---

2 사물이 작동하는 원리

✏️ 메타 인지를 높여주는 수업 듣기 노하우를 알고 있나요?

메타 인지의 기본은 자신이 아는 부분과 모르는 부분을 명확히 구분하는 것인데, 메타 인지 능력은 하루아침에 높아지는 것이 아니기에, 어떨 때는 자신이 어떤 부분을 모르고 어떤 부분을 아는지 명확하지 않을 때가 있지요. 이럴 땐 수업을 이용해서 모르는 부분을 찾아내는 것이 효율적입니다.

메타 인지를 활용한 수업 듣기

1. 예습을 통해서 수업할 단원의 아는 부분과 모르는 부분을 구분한다.

2. 수업을 활용해서 몰랐던 부분을 집중해서 듣는다.

3. 수업을 듣고도 모르는 부분은 선생님께 질문한다.

수업을 활용해서 메타 인지 능력을 높이기 위해서는 우선 수업 전에 예습하는 것이 중요합니다. 교과서의 본문을 읽거나 학습 목표에 대한 대답을 스스로 찾아봄으로써 우리는 수업할 부분에 대해서 어느 정도 이해를 하고 수업에 들어갈 수 있습니다. 예습하다 보면, 자연스럽게 의문이 생기거나 제대로 이해되지 않는 부분이 나오는데요, 그런 부분을 수업 시간에 집중해서 들어보도록 합니다. 수업을 듣다 보면 본인이 제대로 이해했는지 잘못 이해했는지가 드러나게 되죠. 수업을 들을 때 목적성이 생기게 되니 수업 집중도가 높아지고, 수업이 훨씬 재미가 있어지겠죠?

설사 예습을 통해서 수업 내용을 100% 다 이해를 했더라도 수업을 들으면서 자신이 이해한 바가 정확한지 다시 한 번 점검하기 바랍니다. 수업을 이런 식으로 활용하다 보면 메타 인지 능력이 점점 쌓이게 됩니다.

수업을 꼼꼼히 들었는데도 의문이 풀리지 않았다면, 수업 중이나 수업이 마친 후 지체없이 선생님께 질문해야 합니다. 학생 중 자신감이 부족하거나 선생님과 대화하는 것이 부끄러워 질문할 거리가 있음에도 불구하고 질문을 하지 않는 학생들을 종종 보게 되는데요. 그러지 말고 질문은 꼭 해결하는 습관을 들이는 게 좋습니다. 간혹 선생님 중에 '그 질문은 책에 있으니 책에서 찾아보세요'라며 면박을 주는 분들도 있는데요. 그렇더라도 주눅 들지 말고요. 책에서 찾아봐도 도저히 모르겠다면, 선생님께 가서 질문을 꼭 해야 합니다. 모르는 부분을 찾아내고 그 의문을 해결하다 보면 성적은 자연히 올라간다는 사실. 잊은 건 아니겠죠?

 오늘의 코칭 질문

★ **다음의 질문에 자기 생각을 적으면서 수업 내용을 정리해 보세요.**

_ 메타 인지란 무엇인가요?(모르겠다면 0교시 수업을 복습해 봅시다!)

_____

_ 위의 방법 외에도 어떤 방식이 수업을 들으면서 메타 인지 능력을 높일 수 있을까요?

_____

_ 수업을 통해 새롭게 알게 되었거나 느낀 점이 있나요?

_____

📝 왜 상위권은 교무실을 자주 갈까요?

저는 고등학교 때 영어 성적을 획기적으로 올린 경험이 있습니다. 고2 때까지만 해도 영어를 매우 싫어해서 영어 수업 때마다 딴짓하거나 수업에 딴지를 걸었습니다. 고2 어느 날, 교탁 바로 앞자리에 앉았던 저는 수업 시간에 선생님의 질문에 헛소리하며 선생님의 화를 돋우다가 칠판지우개를 정통으로 얻어맞아 남색 교복이 하얗게 귀신마냥 변해버린 적도 있었지요. 그만큼 영어 수업, 영어 선생님과는 담을 쌓고 살았습니다.

그렇게 시간이 흐르다가 고3이 되었는데, 대학을 가야겠다고 마음을 먹고 나니, 가장 시급한 게 영어 성적을 끌어올리는 것이었어요. 당시 저는 학원이나 과외를 안 하고 있었기 때문에 모르는 문장이나 문제가 생기면 선생님께 질문해야만 했고, 그러기 위해서 고1~2 때는 까맣게 잊어버린 양 얼굴에 철판을 깔고 교무실을 뻔질나게 찾아다녀야 했습니다. '목마른 사람이 우물을 판다'고 했나요? 당시를 생각해 보면 저는 참 철이 없었습니다. 지금 이 글을 쓰면서 새삼 선생님께 감사하다는 생각이 듭니다. 질문을 드리는 횟수가 늘어나고 그렇게 하루 이틀이 지나자, 선생님은 저를 기특하게 봐주시며 여러 출판사에서 협찬받은 문제집 중 하나를 고르라며 책상 밑에 두고 있던 문제집 박스를 제게 보여주셨어요. 그날 이후로 저는 영어문제집을 사본 적이 없습니다. 문제집 하나를 얻어다 풀어서 선생님께 가져가면 또 다른 문제집을 고르도록 박스를 보여주셨지요. 그렇게 푼 문제집이 쌓여갈수록 저의 영어 성적은 덩달아 상승하였고요, 수능 시험에서 영어 듣기는 끝내 정복하지 못했지만, 독해와 문법은 모두 맞추는 기적을 만들었습니다.

여러분은 질문을 위해 교무실을 찾아간 경험이 있나요? 어느 과목 선생님이 가장 예뻐해 주시던가요? '선생님은 언제나 학생의 편이다'라는 사실을 기억하세요. 질문하는 학생을 마다하는 선생님은 없으니 교무실을 뻔질나게 드나드는 연습을 해보세요. 여러분도 모르는 사이 그 과목의 성적이 급상승하게 될 겁니다.

 오늘의 코칭 질문

★ 다음의 질문에 자기 생각을 적으면서 수업 내용을 정리해 보세요.

_ 교무실에 자주 찾아간다면 그 이유는 무엇이며, 잘 찾아가지 않는다면 그 이유는 무엇인가요?

_____

_ 교무실을 찾아가기를 주저하는 학생에게 어떤 조언을 하면 교무실 찾아가는 것이 어색하지 않을까요?

_____

_ 수업을 통해 새롭게 알게 되었거나 느낀 점이 있나요?

_____

📝 나만의 언어로 정리된 노트가 있나요?

상위권 학생들은 노트 정리를 잘한다는 공통점을 가지고 있는데요. 어떤 방식으로 노트를 정리하는 것이 효과적일까요? 잘 정리된 노트를 통해 우리는 학생의 공부 이해력, 내용 요약 능력, 내용의 암기 여부 등을 파악할 수 있습니다.

노트 정리를 한다는 것은 우선 개념에 대한 이해가 되었음을 의미하는데요. 자습서나 문제집에 있는 요점정리를 그대로 옮겨 적은 것이 아니라, 나만의 언어를 이용해서 나에게 특화된, 나를 위한 노트를 만들었다는 의미입니다.

노트 정리의 기능
1. 주요 내용을 정리하는 기능 **2.** 암기해야 할 내용을 추려내는 기능 **3.** 반복 학습을 할 때 뼈대가 되는 기능

혹시 공부 잘하는 친구가 만들어 놓은 노트로 공부해 본 적이 있나요? 그 노트가 때로는 도움이 되고 때로는 도움이 되지 않을 수도 있는데요, 대개 도움이 되었을 때는 공부 잘하는 친구가 친절하게 모든 내용을 요약해서 정리해놓은 경우입니다. 어떤 땐 친구가 모든 내용을 정리한 것이 아니라 본인에게 필요한 내용만 추려서 정리해놓는 경우도 있습니다. 이럴 때 공부 잘하는 친구의 노트는 우리에게 별 도움이 되지 못합니다. 오히려 무슨 내용

을 정리해 놓은 것인지 몰라 공부를 하는데 방해가 되기도 하지요. 메타 인지가 발달한 친구라면, 모든 내용을 정리하기보다는 자신에게 부족했던 내용을 위주로 노트를 정리했을 가능성이 높습니다.

그러니 가장 좋은 방법은 친구의 노트를 빌릴 것이 아니라, 나만의 노트를 만드는 것입니다. 노트 정리의 핵심은 나만의 언어입니다. 사람마다 사고방식이나 자주 사용하는 단어가 다르기 때문에, 기본 개념이 이해되었다면, '주요 용어'를 틀리지 않게 사용하는 한도 내에서 나만의 문장으로 나만의 노트를 만들어 보는 것이 중요합니다. 앵무새처럼 자습서의 요점정리를 똑같이 외우는 방식이 아닌, 나만의 언어로 노트를 정리하고 암기한 학생이 진짜 공부를 한 것입니다.

오늘의 코칭 질문

★ 다음의 질문에 자기 생각을 적으면서 수업 내용을 정리해 보세요.

_ 나만의 노트를 만들어 본다면, 어떤 과목부터 만들어 보고 싶나요?

_____

_ 나만의 노트를 만들었는데도 효과를 본 적이 없다면 이유는 무엇일까요?

_____

_ 수업을 통해 새롭게 알게 되었거나 느낀 점이 있나요?

_____

✐ 수업 정리를 위해 마인드맵을 활용해 봤나요?

　공부는 예습-수업-복습으로 이어지는 흐름이 얼마나 자연스럽고 유기적으로 흘러가느냐에 승패가 달려 있는데요. 여러분은 그동안 복습을 어떤 방식으로 진행해 왔나요? 수업 예습을 하고, 수업 필기를 열심히 했는데, 마땅한 복습 방법을 모르고 있었다면, 이제 마인드맵을 그리면서 수업을 정리하며 복습하는 시간을 가져 보세요.

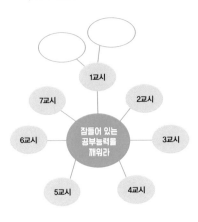

　마인드맵 그리기의 장점은 여러 가지가 있는데요, 가장 중요한 것은 그려 놓은 마인드맵이 자신의 머릿속에 사진처럼 그대로 각인이 된다는 것입니다. 어떤 주제나 단원을 떠올렸을 때, 자신이 그려 놓은 마인드맵이 머릿속에 상상이 되어 기억이 인출되는 효과를 거둘 수 있지요. 또한 마인드맵은 각 단원의 핵심 키워드 중심으로 그려지기 때문에 암기가 쉽고 내용을 요약 정리하는데 수월하다는 특징이 있습니다. 단원별로 마인드맵을 그려 본 적이 있나요? 마인드맵을 그리다 보면, 이미지가 머릿속에 저장됩니다. 그리고 문제를 풀 때, 머릿속 마인드맵이 인출되도록 훈련을 하면 좋은데요. 이런 훈련을 반복함으로써 우리는 시험을 볼 때 당황하지 않고 문제에 해당하는 지식을 쉽게 떠올릴 수 있게 됩니다. 마지막으로 마인드맵을 그리는 데 사용하는 시간에 대하여 한 가지 조언하고자 하는데요. 여러분은 마인드맵을 그리는 데 있어서 얼마의 시간을 사용할 생각인가요? 너무 많은 시간을 쏟아가며 마인드맵을 예쁘게 그리는 것에 치중하는 것은 시간 낭비일 수 있습니다. 수업이 끝난 직후 쉬는 시간에 마인드맵을 그린다면, 1~2분 안에 마인드맵을 그릴 수도 있습니다. 마인드맵을 예쁘게 그리려고 마음을 먹으면, 한없이 예쁘게 그릴 수 있습니다. 그러나 마인드맵의 본질은 '예쁨'이 아니라 공부한 내용에 대한 '정리와 각인'에 있다는 것을 명심하세요. 내 머릿속에 이미지가 되어 각인될 수 있다면, 1분짜리 마인드맵이든 10분짜리 마인드맵이든 모두가 효과 있는 마인드맵이랍니다. 어떤 과목에 마인드맵을 활용하면 가장 효율적이라는 생각이 드나요?

 **오늘의
코칭 질문**

★ 다음의 질문에 자기 생각을 적으면서 수업 내용을 정리해 보세요.

_ 마인드맵을 활용해 본 적이 있나요? 효과는 어땠나요?

_____

_ 마인드맵을 활용했을 때, 가장 효과가 있을 과목은 무엇인가요? 언제부터 활용할 계획인가요?

_____

_ 수업을 통해 새롭게 알게 되었거나 느낀 점이 있나요?

_____

✏️ 암기는 어떤 식으로 점검하면 좋을까요?

　제가 성적은 모르는 부분을 보충하면 올라간다고 0교시에서 말했던 것을 기억하나요? 대부분 시험은 상당히 많은 암기를 요구하는데요. 머릿속에 암기된 내용이 문제로 나오면 우리는 맞추게 되고, 암기되지 않은 내용이 문제로 나오면 틀리게 되겠지요. 그렇다면, 자신이 어떤 단원과 내용을 암기하지 못했는지 구별하는 게 굉장히 중요한 문제일 텐데요, 자신이 무엇을 암기했고 무엇을 암기하지 못했는지 구별할 수 있는 확실한 방법은 공부한 단원에 대하여 '백지테스트'를 진행해 보는 것입니다.

　백지테스트는 여러 장점이 있는데요, 일단 사용하기가 편리합니다. 집이든 학교든 장소에 구애받지 않고 활용할 수 있고요. A4나 연습장 등 종이 1장만 있으면 테스트가 가능합니다. 특히 개념이나 공식을 제대로 암기했는지 체크하는 데 효과적입니다.

　그렇다면, 백지테스트를 어떻게 진행하냐고요? 우선은 공부할 책과 백지를 준비합니다. 그날 공부할 교과서나 자습서를 펼쳐서 소제목들을 확인합니다. 그리고 백지를 소제목 숫자에 맞추어 몇 등분한 후, 칸마다 소제목을 적어 놓습니다. 그리고 백지는 한쪽 켠에 둔 채 공부를 시작합니다. 공부가 다 끝이 났으면, 책은 덮고, 한편에 뒀던 백지를 가져와 빈칸에 공부했던 내용을 적어보는 거죠. 그리고 다시 책을 펴서 제대로 적은 것이 맞는지 확인을 하며 채점을 하게 됩니다. 여기서 중요한 포인트인 백지테스트를 하는 목적을 잊고 있으면 안 됩니다. 백지테스트를 하는 이유가 뭐였죠? 모르고 있는 부분을 발견하기 위해서입니다. 그러니, 제대로 적지 못한 부분은 당연히 보충 공부를 해야겠지요.

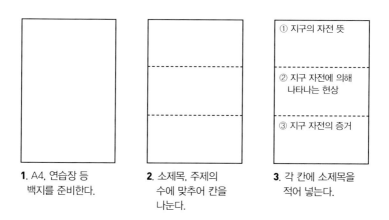

1. A4, 연습장 등 백지를 준비한다.

2. 소제목, 주제의 수에 맞추어 칸을 나눈다.

3. 각 칸에 소제목을 적어 넣는다.

① 지구의 자전 뜻

② 지구 자전에 의해 나타나는 현상

③ 지구 자전의 증거

예를 들어볼까요? 과학자습서를 공부하는데, '지구의 자전' 파트를 공부할 예정이라면, 소제목으로 ① 지구의 자전 뜻, ② 지구 자전에 의해 나타나는 현상, ③ 지구 자전의 증거 등 3개의 소제목이 있는 것을 확인할 수 있습니다. 그럼 백지를 3등분 합니다. 그리고 각 등분의 제일 위쪽에 소제목들을 적어 넣습니다. 그리고 공부를 한 후에, 책은 덮고 백지를 가져와 시험을 보는 것이죠.

원리나 실행 방법은 간단하지만, 자신이 알고 있는 부분과 모르는 부분을 확실히 구분할 수 있는 강력한 힘을 가진 백지테스트. 어떤가요? 오늘 바로 실행으로 옮겨볼까요?

오늘의 코칭 질문

★ 다음의 질문에 자기 생각을 적으면서 수업 내용을 정리해 보세요.

_ 백지테스트 방법을 제대로 인지했나요? 친구나 부모님께 백지테스트 방법을 설명할

수 있나요?

_____

_ 다가오는 시험에서 백지테스트를 활용하고 싶은 과목은 어떤 과목인가요?

_____

_ 수업을 통해 새롭게 알게 되었거나 느낀 점이 있나요?

_____

✏️ 문제집을 푸는 목적은 무엇인가요?

　우리는 문제집을 왜 풀까요? 우리는 학교 시험을 보기 전에 여러 문제집을 풀고 시험을 보러 가는데요. 문제집을 풀 때는 사실 100점을 받는 것이 중요한 것이 아닌데, 문제집 채점에 민감한 학생들이 있습니다. 틀린 것도 맞았다고 체크를 하거나, 서술형이나 주관식의 경우 애매한데도 맞았다고 하는 경우가 있지요. 시험을 보러 가기 전에 문제집을 푸는 이유에 대해서 우리는 곰곰이 생각해봐야 합니다. 문제집을 푸는 이유는 무엇인가요? 100점을 받고 기분이 좋아지기 위해 문제집을 푸는 것인가요? 문제집을 푸는 목적은 문제집 풀이를 통해 스스로 어떤 부분을 알고 어떤 부분을 모르는지 구분하기 위함입니다. 메타 인지 능력이 높아서 문제집을 풀지 않아도 스스로 아는 부분과 모르는 부분을 구분할 수 있다면 상관없지만, 학생들이 문제집을 풀기 전에는 스스로 구분하기가 매우 어렵지요.

　문제집에서 문제를 많이 틀린다고 해서 학교 시험에서 문제를 많이 틀리게 되나요? 우리는 그 반대 현상을 경험하게 되지요. 문제집에서 많이 틀렸다는 것은 내가 모르는 부분을 그만큼 더 알게 되었다는 뜻이니, 그 부분을 보충 공부하면 우리는 더욱 완벽한 지식을 가지고 시험을 보러 가게 되는 것입니다. 그러니, 우리는 문제집을 풀 때 많이 틀릴까봐 겁을 먹을 필요가 없습니다. 틀린 문제는 어떻게 하면 될까요? 보충 공부를 하면 됩니다. 그리고 학교 시험에서는 그 문제를 맞히면 되는 것이죠.

오히려 문제집을 풀었는데 다 맞아 버리면 불안한 생각이 듭니다. 어디가 부족한지 알려고 문제집을 풀었는데 틀린 문제가 없으면, 문제집을 푼 보람(?)이 약간 반감되는 느낌도 듭니다. 이 수업을 듣고 있는 우리 친구들은 문제집을 푸는 이유가 100점을 받기 위함이 아니라는 사실을 명심하면 좋겠습니다.

학원 시험이나 문제집에서 문제를 많이 틀릴까 겁이 나서, 혹은 엄마에게 혼날까 싶어 거짓으로 틀린 것도 동그라미 치는 습관은 오늘부터 안녕입니다. 그렇게 해서는 절대로 성적이 오르지 않습니다. 그리고 문제집 풀이에서 많이 틀린다고 걱정하는 엄마들도 생각을 바꿀 필요가 있습니다. 오늘부터 당당하게 어머니에게 말을 하세요. "문제집은 틀리려고 푸는 거다"라고요. 엄마가 왜냐고 물으면 "그래야 나의 구멍이 어디인지 명확히 알 수 있으니까"라고 대답하세요. 그리고 문제집 '오답 정리'에 대해서 다 알고 있겠지만, 다시 한 번 강조합니다. 틀린 문제는 무조건 오답 정리를 해야 합니다. 저는 "같은 문제집을 푸는데 왜 이 학생은 1등급이고 저 학생은 5등급일까?"라는 의문을 한 때 가지고 있었는데요. 혹시 여러분은 이 질문에 대한 답을 알고 있나요? 제가 학생들을 분석한 결과, 1등급인 학생은 틀린 문제를 보충 공부해서 자기 것으로 만들었다는 것이고요. 5등급인 학생은 틀린 문제에 대하여 보충 공부를 하지 않고 그냥 시험을 보러 갔다는 것이었습니다. 아주 단순한 논리이지만, 이 학생과 저 학생의 결과는 극명하게 차이가 났습니다. 오답 정리는 틀린 문제를 다음에 틀리지 않기 위해 확실히 내 것으로 만드는 과정인데, 오답 정리를 하지 않았다는 것은 내가 모르는 부분을 확인만 했을 뿐 보충 공부를 하지 않았다는 뜻이 됩니다. 문제집을 푸는 활동 자체에 의미를 두고 틀린 문제에 대해서 오답 정리를 등한시하는 학생들이 많은데요, 그렇게 공부를 하면 모르는 부분은 계속해서 누수가 날 수밖에 없다는 사실을 꼭 기억하기 바랍니다.

메타 인지가 발달한 학생이라면 백지테스트를 하거나 문제집을 풀지 않더라도 자신의 부족한 부분을 명확히 알고 그 부분을 보충 공부해서 성적이 올라가지만, 메타 인지가 발달하지 않은 학생들은 백지테스트나 문제집 풀이가 자신의 부족함을 메워주는 훌륭한 수단임을 명심하기 바랍니다. 일단 부족한 부분, 모르는 부분이 찾아졌다면, 성적은 곧 오를 것이니 걱정할 필요가 없습니다. 이가 아니면 잇몸으로 음식을 먹는다고 했습니다. 자신의 메타 인지가 부족하다고 생각이 들더라도 걱정하지 마세요. 우리에게는 다양한 문제집이 있으니까요. 단 문제집을 왜 푸는지에 대한 이유를 항상 가슴 속에 담아두기 바랍니다. 문제집은 왜 푸는 거라고요?

**오늘의
코칭 질문**

★ 다음의 질문에 자기 생각을 적으면서 수업 내용을 정리해 보세요.

_ 문제집을 푸는 이유는 무엇인가요?

_____

_ 같은 문제집을 여러 번 푸는 것과 여러 문제집을 한 번 씩 푸는 것 중 효과적인 방

법은 어떤 것일까요?

_____

_ 수업을 통해 새롭게 알게 되었거나 느낀 점이 있나요?

_____

🗒️ 엉덩이 힘의 원천, 절제력이 있나요?

　목표도 있고 계획도 세웠으며 공부법도 익혔다면, 이제 공부만 하면 됩니다. 뭐가 문제일까요? 실천만 하면 되는데, 대부분 학생에게는 이 실천이 문제입니다. 공부 못하는 이유 중 하나는 공부를 실천하는 힘에 있습니다. 가만히 생각해 보면, 공부 목표나 계획은 학생이 스스로 세우지 않아도 누군가 만들어 줄 수 있어요. 유명한 학습매니저를 찾아가면 누구든지 한 달짜리 학습 계획표를 그 학생의 성향에 맞추어 뚝딱 만들어 줄 수 있을 겁니다. 문제는 뭘까요? 그 계획표를 실천해야 할 학생이 의지가 있냐는 것이죠.

　설사 의지가 있다고 해도 몸이 말을 듣지 않습니다. 평소에 공부를 안 하다가 갑자기 공부하려니 몸이 뜻대로 움직이질 않아요. 그래서 공부하기로 마음먹었다면, 제일 먼저 실천해야 하는 것이 바로 절제력입니다. 꾹 참고 어떻게든 엉덩이를 의자에 붙이고 앉아 있는 연습. 앉아서 딴짓하거나 멍하니 있어도 좋으니, 일단은 무조건 앉아 있는 연습. 이것이 바로 절제력의 시작입니다.

　절제력을 키우기 위해서는 우선 핸드폰이나 컴퓨터, TV 등과는 작별인사를 해야 합니다. 부모님들은 자녀가 공부해야 할 방에 컴퓨터와 책상을 동시에 두는 우를 범해서는 안 되겠습니다. 아이 방에 컴퓨터와 책상을 동시에 두고는 아이에게 공부하라고 했는데 왜 컴퓨터 하냐고 뭐라고 하는 상황이 발생하지 않기를 바랍니다. 애초에 공부방에 컴퓨터를 두지 않아야 하죠. 유혹될 만한

물건을 아이 곁에 두고 유혹당하지 않기를 바라는 부모의 마음은 지나친 욕심 아닐까요. 우리 아이들은 그저 평범한 한 명의 학생일 뿐입니다.

처음부터 책상에 1시간 이상 진득하니 앉아서 공부하기란 쉽지 않습니다. 30분, 1시간, 2시간 천천히 시간을 늘려가 보세요. 단, 적어도 30분은 어떤 일이 있어도 일어나지 않겠다는 결심을 해야 합니다. 잠이 오든, 냉장고에 가서 물을 먹고 싶든, 화장실을 가고 싶든, 공부하기로 마음먹고 자리에 앉았다면, 더 이상 일어날 생각은 하지 말고 30분은 꼭 앉아 있기를 바랍니다. 이것이 절제력을 높이는 기본 중 기본! 원칙입니다.

 오늘의 코칭 질문

★ 다음의 질문에 자기 생각을 적으면서 수업 내용을 정리해 보세요.

_ 나의 절제력은 어떤 수준인가요?

_____

_ 공부를 위해 자리에 앉는다면 최대 몇 시간까지 견딜 수 있나요? 몇 시간까지 견디고 싶은가요?

_____

_ 수업을 통해 새롭게 알게 되었거나 느낀 점이 있나요?

_____

📝 이 문제는 꼭 풀고 말 거라는 집요함이 있나요?

절제력이 어느 정도 갖추어졌다면 이제 진짜 공부를 해야 하는 데요. 공부 잘하는 방법 중 하나는 집요함을 기르는 것입니다. 집요하다는 표현, 누구에게 주로 쓰는 말인가요? 문득 스토커가 생각나진 않나요? 집요하게 상대방을 쫓아다니면서 전화를 하거나 말을 거는 사람. 여러분이 누군가의 스토커가 되어서는 안 되겠지만, 공부에는 이런 집요함이 필요하다는 생각이 듭니다.

집요함은 공부의 필수 조건입니다. 공부는 모르는 것을 알게 되는 과정이기에 모르는 문제를 계속해서 풀게 되고 오답을 하면서 이해를 한 후 내 것으로 만드는 과정이 반복적으로 일어나는데요. 이 과정에서 모르는 문제를 마주했을 때, 이 문제를 풀겠다는 의지로 집요하게 물고 늘어지느냐 그냥 포기해버리느냐에 따라 여러분의 공부레벨은 달라질 것입니다. 게임을 하는 것과 유사합니다. 게임의 레벨이 올라갈수록 레벨 쌓기가 힘들어지고 적의 힘은 강해지는데요. 공부레벨이 올라갈수록 더 어려운 문제를 풀어야 하고, 어려운 문제를 풀려면 나의 인내나 의지는 더욱 강해져야 합니다. 이런 문제를 풀고 나면, 비로소 한 단계 업그레이드가 되는데요, 나를 업그레이드 시켜 주는 내면의 힘이 바로 집요함이라고 할 수 있습니다. 미국의 앤젤라 더크워스는 열정적인 끈기의 힘을 '그릿(GRIT)'이라고 표현을 했는데요. 이런 끈기, 집요함이 공부하는 데도 절대적으로 필요합니다.

목표가 달성될 때까지 공부를 포기하지 않겠다는 집요함, 어려운 문제를 만나더라도 꼭 풀어내겠다는 집요함, 몸이 아파도 오늘 계획한 공부는 꼭 끝내고 말겠다는 집요함 등이 모여서 여러분이 원하던 진학이나 직업에 대한 꿈을 현실로 바꾸어 주는 것이죠. 오늘도 집요하게 공부할 준비가 되었나요?

 오늘의 코칭 질문

★ 다음의 질문에 자기 생각을 적으면서 수업 내용을 정리해 보세요.

_ 나는 공부를 할 때 집요한 사람인가요?

_____

_ 자신에게 어떤 말을 해준다면, 집요함을 불러일으킬 수 있을까요? (이 말을 책상에 붙여두기 바랍니다.)

_____

_ 수업을 통해 새롭게 알게 되었거나 느낀 점이 있나요?

_____

📝 짧은 시간에 집중해서 공부하는 포모도로 훈련법을 알고 있나요?

집중력이 약해서 고민인 친구들이 있죠? 우리 아이는 집중력이 약해서 고민이라며 상담하는 부모님들도 있습니다. 이왕 하는 공부 집중력 있게 짧고 굵게 공부를 할 수 있으면 좋을 것 같다며 말입니다. 그 방법에 대해서 한번 알아볼까요?

우선은 집중력이 약하다고 평가받는 학생들의 스타일을 살펴볼 필요가 있습니다. 첫째는 공부에 대한 흥미가 없는 아이들입니다. 공부에 대한 재미가 없으니, 할 수 있는 능력이 되어도 공부를 안 하는 것이죠. 그것이 집중력이 없는 아이처럼 보이는 것이고요. 둘째는 능력이 안 되어 집중하고 싶어도 집중을 못 하는 아이들입니다. 자신의 수준보다 지나치게 높은 수준의 공부를 요구받다 보니 공부에 대하여 흥미를 못 붙이는 것입니다. 게임에 몰입하거나 재미있는 영화를 보는 아이들을 상상해 볼까요? 집중해서 보라고 말하지 않아도 자연스럽게 몰입도가 올라간 상태가 됩니다. 그러니, 집중력을 높이기 위해서는 학습에 대한 재미나 흥미를 붙이는 게 우선입니다.

어느 정도의 공부 의지도 있고, 공부할 양도 정해져 있는데, 집중이 안 되는 학생들. 왠지 공부가 느리게 진행되고 집중이 안 되고 산만한 것 같다고 생각되는 학생들에게 효과적인 학습법이 지금 소개해드릴 '포모도로 집중력 훈련법'입니다.

포모도로 기법은 시간을 잘게 쪼개어 사용하는 것이 특징입니다. 이 기법은 25분을 집중해서 공부한 후 5분간 쉬는 시간을 가지게 되는데, 25분이라는 시간이 길지도 짧지도 않은, 즉 집중을 유도하기에 적합한 시간이 될 수 있고 25분 후 5분 휴식이라는 달콤한 보상이 준비되어 있기 때문에 5분을 쉬기 위해 열심히 25분을 집중한다는 원리가 작동하게 된다는 것인데요. 1시간을 연속해서 공부하는 방법과 포모도로 방법(25분 공부 후 5분 휴식)으로 1시간을 2번으로 나누어 공부하는 방법 중 자신에게 어떤 것이 더 효과적일지는 선택의 문제이지만, 막연히 학교 수업 스타일에 익숙해진 상태에서 1과목을 공부할 때 50분 내지 1시간을 배정하는 학생이라면, 집중이 잘 안 될 때 포모도로 집중력 훈련법으로 짧고 굵게 공부해 보는 건 어떨까요?

 오늘의 코칭 질문

★ 다음의 질문에 자기 생각을 적으면서 수업 내용을 정리해 보세요.

_ 포모도로 학습법이 가능한 과목으로 어떤 과목이 떠오르나요?

_____

_ 포모도로 학습법을 진행하기 위해 필요한 것은 어떤 것들이 있을까요? (마음가짐, 스톱워치 등)

_____

_ 수업을 통해 새롭게 알게 되었거나 느낀 점이 있나요?

_____

3교시

|

상위권과 중위권의
결정적 차이!
공부계획을 세운다는 것은
어떤 의미인가요?

계획은 목표를 달성시켜줄 설계도와 같습니다.
계획이 완벽하다면,
목표를 달성시켜줄 지름길을 걷는 것입니다.

내가 제대로 된 설계도를 그릴 수 있는지
3교시를 통해 알아봅시다.

목표를 달성시켜줄 계획을 세울 수 있나요?

1층짜리 주택이든, 5층짜리 빌라든, 10층짜리 아파트든 모든 건축물에는 설계도면이 존재합니다. 아무리 작은 건축물이라도 설계도면은 필수인데요. 공부도 마찬가지입니다. 여러분의 목표가 80점이든, 100점이든, 1등급이든 목표를 달성하기 위한 계획은 반드시 필요합니다. 우리가 갖추어야 할 여러 능력 중에서 상위권과 중위권의 결정적 차이를 꼽으라면, 공부계획 능력이라고 말할 수 있습니다. 우리가 아무리 거창한 계획을 세워도, 목표를 달성시켜 줄 수 있는 계획을 세우지 못한다면 그 계획은 허황된 계획표에 불과합니다. 계획이 잘 세워졌느냐, 그렇지 못하냐는 계획 자체를 보고 판단하는 것이 아니라, 항상 목표와 연계하여 함께 생각해야 함을 강조합니다. 완벽한 계획은 목표를 완벽하게 달성시켜 줄 수 있어야 합니다. 목표를 달성시켜 줄 수 없는 계획은 아무리 치밀하고 전략적으로 보일지라도 의미 있는 계획이라고 할 수 없지요. 계획을 세울 때 종종 목표를 잊어버리는 경우가 있는데, 계획은 항상 목표를 달성시킬 수 있을 때 의미가 있음을 기억합시다.

상위권의 전략적인 계획 짜기

Q1. 나는 목표를 달성시켜줄 계획을 세울 수 있는가?

Q2. 나는 공부 시간을 최대한 확보하였는가?

Q3. 나는 상위권 수준의 주말 공부 시간을 운영하는가?

Q4. 나는 계획을 짜기 위해 충분한 교재 정보를 가지고 있는가?

Q5. 나는 과목별 적절한 회독수 전략을 세울 수 있는가?

Q6. 나는 상위권 수준의 시간 분배 전략을 사용하는가?

반대로 계획을 세우다 보면 스스로 목표를 너무 높게 세웠음을 직감하고 목표를 축소하는 경우도 있습니다. '이상과 현실은 다르다'라는 말이 있는데요, 이럴 때 딱 어울리는 말입니다. 이상과 현실은 다를 수 있죠. 그러니, 계획을 세우면서 이상(목표)과의 차이를 느끼고 목표를 변경한다면, 그것이 현실적인 대안이 될 수도 있습니다. 계획은 지키라고 있는 것이고, 목표를 달성하라고 있는 것입니다. 목표 없이 계획을 세우는 것도, 목표를 달성할 수 없는 계획을 세우는 것도 모두 무의미한 계획이라는 사실입니다. 이렇게 목표와 계획을 끊임없이 생각해 보고 점검하는 것이 메타 인지가 제대로 작동하는 것이니, 점검하는 것을 회피하거나 게을리 할 이유가 전혀 없습니다.

계획을 세움에 있어 한 가지 더 조언할 것은 계획표 만드는 것 자체에 너무 몰입해서 예쁘게, 보기 좋게 꾸미려고 노력하는 학생들이 있는데요. 이왕이면 다홍치마라고 계획도 좋고 디자인도 에

쁘면 좋겠지만, 계획은 그저 그런데 디자인에만 집착하는 우를 범하지 않았으면 합니다. 보기 좋은 음식이 먹기도 좋다고 하지만, 우리에게 필요한 것은 예쁜 계획표가 아닌 목표를 달성시켜주는 '실천 가능한 계획표'임을 잊지 말아야겠습니다. 그런 계획표가 100배 더 값어치 있다는 사실을 기억합시다.

 **오늘의
코칭 질문**

★ **다음의 질문에 자기 생각을 적으면서 수업 내용을 정리해 보세요.**

_ 나는 공부를 하기 전에 계획을 세우는 편인가요? 나의 계획표는 상위권들의 계획표와 유사한가요?

_____

_ 상위권의 전략적인 계획 짜기의 여섯 가지 질문 중에 나에게 가장 부족했던 부분은 어떤 것인가요?

_____

_ 수업을 통해 새롭게 알게 되었거나 느낀 점이 있나요?

_____

📝 공부 시간을 최대한으로 확보하는 방법을 알고 있나요?

'중간고사에서 수학 100점을 받기 위해서 겨울방학 동안 완자를 2회독하고 쎈 수학을 1회독한 후, 학기 중에는 쎈 수학을 1회독하고, 에이급 수학을 1회독 하겠다'는 목표가 생겼다고 생각해 봅시다. 이런 목표를 SMART한 목표라고 하는데요. SMART에 대한 설명은 4교시에서 다시 하도록 하겠습니다. 이렇게 목표가 생기고 나면, 교재 별로 몇 시간을 투자해야 할지 시간을 결정해야 합니다. 시간은 ① 우선 기간이 필요하고, ② 매일 몇 시간을 투입할지를 결정해야 하는데요. 겨울방학 동안 완자를 2회독할 것이므로, 겨울방학이 10주라고 했을 때, 1회독에 6주, 2회독에 4주 정도를 배치하면 적당하겠습니다. 항상 공부할 때는 1회독 때 가장 많은 시간과 노력을 투자해야 함을 기억해야겠죠?(내신 10회독 학습법 참조)

완자 1회독에 6주를 투입하기로 했다면, 목차를 보면서 하루에 몇 페이지 정도를 공부하는 것이 적당할지 결정해야 합니다. 완자가 대략 240페이지 정도라면, 1주에 40페이지를 공부해야 하고, 일주일 중 주5일 동안 공부하기로 결심했다면, 하루에 8페이지씩 공부해야 한다는 결론에 도달하게 됩니다. 그렇다면 하루 8페이지를 풀기 위해 몇 시간을 공부해야 할까요? 수학을 잘하고 좋아하는 학생이라면 완자 8페이지를 공부하는데 1시간이면 충분하겠지만, 수학이 어렵고 힘든 학생이라면 완자 8페이지를 공부하는데 2~3시간은 걸릴 거예요. 그리고 하루 8페이지 학습이 너무 많다는 생각이 든다면, 주5일 공부하던 습관을 주6일 공부하는 습관으로 바꾸어서 하루 공부량을 6~7페이지로 줄이는 것이 바람직할 수도 있습니다. 이런 식으로 생각을 거듭하다 보면, 수학 뿐만 아니라 과목별로 필요한 공부 시간이 나오게 되겠죠? 이렇듯 모든 과목에 대하여 공부하기 위한 시간을 확보하는 것에서부터 계획 세우기는 시작됩니다.

과목별 교재가 선정이 안 된 상태라면 어떻게 시간을 책정해야 할까요? 교재 선정이 되지 않았더라도 시간을 우선 확보한 후, 계획을 세울 수 있는데요. 그럴 경우, 먼저 매일 공부할 수 있는 시간을 확정합니다. 그리고 과목별로 시간을 분배하게 되는데요. 예를 들어, 월요일에 4시간을 공부할 수 있다면, 확보된 4시간을 국어에 1시간, 수학에 1.5시간, 영어에 1시간, 과학에 0.5시간을 분배하는 것이죠.

이렇게 시간 분배가 끝나고 나면, 수학 1.5시간 동안 6페이지를 공부하겠다고 결정할 수가 있죠. 그런데 수학 6페이지를 공부하는데 수학 시간이 모자란다고 판단이 되면 어떻게 해야 할까요? 잠을 줄이거나, 하루 중 버리고 있는 시간이 있는지 확인하여 수학 시간을 위해 0.5시간 더 확보해야겠지요.

이렇듯 전략적인 학습 계획을 짜기 위해서는 시간 계획과 분배가 매우 중요한데요. 요약하면 다음과 같습니다.

> 첫째, 공부할 시간을 확보한다.
>
> 둘째, 과목별 필요한 시간을 계산한다.
>
> 셋째, 시간이 더 필요할 경우, 하루를 분석하고 시간을 더 짜낸다.

　1교시에서도 설명을 했지만, 우리가 공부할 때 흔히 하는 실수 중 하나가 주중에 공부하고 주말에는 쉬는 것입니다. 주5일 근무제에 따라 대한민국 대부분의 직장인은 일주일 중 5일을 근무하고 2일을 쉬는데요. 학생들 또한 5일을 학교에 가고 2일은 쉬게 되죠. 직장인들이 5일을 열심히 일했다고 2일을 쉬는 것처럼, 학생들도 5일을 열심히 공부했다며 2일을 쉬어도 된다고 착각을 하는데요. 상위권 학생들은 다른 학생들이 쉬는 이 2일에 진짜 공부를 하게 됩니다. 왜 주말에 공부해야 하는지에 대한 대답은 우리가 공부할 수 있는 시간을 계산해 보면 쉽게 답이 나옵니다.

　주중 : 하루 4시간 × 5일 = 20시간

　주말 : 하루 10시간 × 2일 = 20시간

　주중에 우리가 자기주도학습을 할 수 있는 시간은 대체로 저녁 6시부터 밤 10시까지 4시간 정도입니다. 하루 4시간씩 5일 동안 공부를 한다고 했을 때, 우리는 20시간 정도의 자기주도학습 시간을 확보할 수 있습니다. 주말의 경우, 몇 시간 정도가 확보가 가능할까요? 토요일과 일요일에 아침밥을 먹고 휴식을 조금 취한 후 아침 10시부터 밤 10시까지 공부를 한다고 했을 때, 점심 식사, 저녁 식사 시간으로 각 1시간씩 2시간을 제외하더라도 10시간이 확보되는 거죠. 이렇게 이틀을 보내면, 주중 5일동안 공부할 수 있는 시간과 같은 양의 시간을 주말에 확보할 수 있다는 것인데요.

어떤 비밀이 숨어 있는지 느낌이 오나요? 주중에 공부하고 주말에 공부하지 않는 학생과 주중과 주말에 모두 공부하는 학생의 공부 시간은 정확히 2배 차이가 나게 된다는 사실입니다. 그 말은 공부양도 2배 차이가 난다는 뜻입니다. 성적도 2배 차이가 날 가능성이 크다는 사실을 말하는 것이죠. 혹시 '나는 주중에 열심히 공부하는데 왜 성적이 오르지 않을까?'라고 고민하는 학생이 있나요? 다른 친구는 주중뿐만 아니라 주말에도 열심히 공부하고 있었다는 사실을 알아야 합니다.

여러분이 시간을 지배할지, 시간으로부터 지배당할지는 여러분의 선택에 달려 있습니다. 다른 사람보다 한발 앞서기 위해서는 다른 사람보다 한 시간 더 공부해야겠지요?

 오늘의 코칭 질문

★ 다음의 질문에 자기 생각을 적으면서 수업 내용을 정리해 보세요.

_ 나는 그동안 시간을 지배하고 있었나요? 그동안 나의 주말 시간 활용은 어떠했나요?

_ 주말에 공부하지 않으면서 성적이 나오지 않는다고 고민한 적은 없나요?

_ 수업을 통해 새롭게 알게 되었거나 느낀 점이 있나요?

✎ 나에게 적합한 교재의 정보를 충분히 가지고 있나요?

계획을 짤 때는 항상 목표를 염두에 둬야 하는데, 중학교 수학 시험에서 90점이 목표라면 90점 목표를 달성시켜 줄 수 있는 교재를 선정해야 하고, 그 교재를 바탕으로 시간 계획이 나와야 합니다. 그렇다면, 수학 90점이 목표인 학생에게 바람직한 교재는 무엇일까요?

중학교마다 난이도의 차이는 있겠으나, 대체로 수학 90점은 문제집 '쎈 수학'을 완벽하게 풀 수 있으면, 달성이 가능한 점수입니다. 90점을 목표로 하는 학생이 지나치게 높은 수준의 교재인 에이급 수학이나 최상위수학, 올림피아드 기출문제 등을 풀면서 시간을 낭비할 필요는 없겠죠? 반대로, 교과서와 익힘책만 열심히 풀어서 시험을 보러 가겠다고 생각한다면, 그 또한 수학 90점을 목표로 하는 학생에게는 2% 부족한 교재 선정일 수 있습니다. 항상 내신시험에서는 변별력이라는 것이 중요하기 때문에 어려운 문제와 쉬운 문제가 섞여서 나오기 마련입니다. 학교에서는 평균을 조절할 필요가 있고, 1등부터 꼴등까지 순위를 생각해서 문제를 내야 하므로, 수학 90점을 목표로 하면서 교과서만 푼다는 것은 어려운 문제에 대한 자신의 응용력을 테스트해 보지 않고 시험을 보러 가겠다는 말과 같습니다.

영어의 경우, 그래머존(Grammar Zone)이라는 문법서는 기초, 기본, 종합으로 레벨이 나누어져 있는데, 문법이 약한 고등학생이라고 해서 무턱대고 그래머존 기본편을 공부할 이유는 없습니다. 자신의 문법이 취약하다면, 그래머존 기초편부터 차근히 공부하는 것이 방법일 수도 있는 것이죠. 자신의 수준에서 지나치게 어려운 교재를 선정하게 되면, 시간은 시간대로 허비하고, 내용에 대한 소화력도 떨어져 공부 효율성이 낮아집니다. 공부를 하고 나서도 영 개운치 않은 느낌이 들게 됩니다.

그동안 공부를 하면서 교재를 고를 때, 목표를 달성시켜줄 교재를 선정하였는지 생각해 봅시다. 현재 가지고 있는 교재들을 살펴보세요. 나의 수준을 고려하여 선정된 교재들인가요?

**오늘의
코칭 질문**

★ 다음의 질문에 자기 생각을 적으면서 수업 내용을 정리해 보세요.

_ 나는 그동안 나의 수준을 고려해서 교재를 선정하였나요?

_____

_ 나는 목표 점수가 생겼을 때, 목표 점수를 달성시켜 줄 교재를 공부했나요?

_____

_ 수업을 통해 새롭게 알게 되었거나 느낀 점이 있나요?

_____

✏️ 나는 과목별 적절한 회독 수 전략을 세울 수 있나요?

시간도 확보되었고 교재도 선정되었다면 이제 회독 수를 결정해야 합니다. 앞서 수학 90점이 목표인 학생에게 선정된 교재인 '쎈 수학'의 경우, 쎈 수학을 완벽하게 풀면 수학 90점이 가능하다고 했습니다. 그렇다면 쎈 수학을 완벽하게 풀려면 몇 회독을 해야 할까요?

하나의 문제집을 1번 풀고 모든 내용을 머릿속에 집어넣는 학생은 거의 없다고 봐야 합니다. 하나의 문제집이 100% 자신의 것이 되려면 적어도 3번은 풀어봐야 하는데요. 하나의 문제집을 3번 이상 풀려면 책에 O, X 표시 외에는 다른 낙서는 하지 않는 것을 원칙으로 해야 합니다. 1회독을 하면서 책에 문제를 풀거나 답을 체크할 경우, 2회독부터 그쪽으로 눈이 가서 문제풀이에 온전히 집중할 수 없게 됩니다. 그러니, 책을 깨끗한 상태로 유지해야 같은 책으로 2회독이 가능하다는 사실입니다.

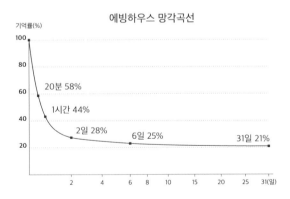

에빙하우스 망각곡선

기억률(%)

20분 58%
1시간 44%
2일 28%
6일 25%
31일 21%

2회독 때는 1회독 때 체크한 O, X표시를 참고하여 틀린 문제 위주로 문제풀이를 진행합니다. 틀린 문제들을 1회독 때 오답 정리를 하였음에도 불구하고 1회독 때 틀린 문제 중 일부는 2회독 때 또 틀리게 되어 있습니다. 에빙하우스의 망각곡선을 기억하나요?

1회독 때 아무리 철저히 오답 정리를 하더라도 망각에 의해 기억나지 않는 문제가 있기 마련입니다. 1회독 때 맞혔던 문제 중 랜덤으로 몇 문제를 풀어봐도 또 틀리는 문제가 나옵니다. 2회독할 때는 O, X표시를 할 때 볼펜의 색을 바꾸어 표시하도록 합니다. 그리고 시험 전날에는 1, 2회독 때 계속해서 틀렸던 문제 위주로 복습을 합니다. 이렇게 학습을 하고 시험을 보러가면 적어도 쎈 수학 문제집 1권은 완벽히 풀 수 있는 수준에서 학교 시험을 보았다고 말할 수 있겠습니다.

같은 문제집이더라도 학생의 수준에 따라 공부 범위나 회독수는 달라질 수 있습니다. 가령 수학을 60점 받는 수준이라서 '쎈 수학 B단계 상' 문제가 어렵게 느껴진다면, 굳이 1회독 때 상 문제를 풀 필요는 없습니다. B단계가 끝나지 않은 상태에서 당연히 C단계도 풀 필요도 없겠지요. 무조건 문제집 1권을 전체적으로 다 풀어보는 게 중요한 것이 아니라 한 문제라도 자신의 것으로 만드는 것이 중요합니다. 그러니, 수학이 약한 학생이라면, 1회독 때는 A단계와 B단계의 대표유형만 푸는 것을 목표로 잡으세요. 그리고 2회독 때 B단계 전체를, 3회독 때는 B단계에서 틀렸던 문제들을 다시 한 번 풀어본 후 시험을 보러 가도 좋습니다. 시간의 여유가 있어서 C단계까지 풀면 좋겠지만, 우리는 시험대비 기간 동안 과목별 시간의 균형도 고려해야 합니다. 모든 시간을 수학에 투자한다면 C단계까지 풀어보겠지만, 다른 과목도 공부해야 하기에 수학에 지나치게 많은 시간을 투자할 수는 없는 노릇입니다.

> ### 문제집에 O, X 표시를 할 때
>
> 1회독 때 O, X 표시를 했던 볼펜 색과 2회독 때 O, X를 표시하는 볼펜의 색은 다른 것을 사용하는 것이 좋습니다. 1회독 때 사용했던 볼펜 색과 같은 색을 반복해서 사용하면, 틀린 문제에 대하여 1회독 때 틀렸는지, 2회독 때 틀렸는지 헷갈리는 경우가 발생하거든요. 회독수마다 자신의 고유한 색을 지정해 놓는 것도 방법입니다. 1회독 때는 검정색, 2회독 때는 빨간색, 3회독 때는 파랑색 등으로 자신만의 규칙을 만들어 보세요.

한 권의 문제집을 여러 번 푸는 것과 여러 문제집을 한 번씩 푸는 것 중 어떤 방법이 효과가 좋을지 질문하는 학생들이 있는데요. 여러분은 어떤 방법이 효과적이라고 생각하나요? 앞서 2교시에서도 설명을 했지만, 한 권의 문제집을 여러 번 푸는 이유는 1번의 학습으로 문제집의 내용을 자신의 것으로 완벽히 만들지 못하기 때문인데요. 만약에 자신은 상위권이라서 1번 풀었을 때 오답할 문제가 별로 없다고 하는 학생이 있다면, 문제집 1권을 1번만 풀고 다른 문제집을 풀어도 좋습니다. 그러나 대부분 학생은 1권의 문제집을 1번 풀어서는 문제집의 내용을 완벽히 자신의 것으로 만들지 못할 겁니다. 그런 의미에서 1권의 문제집을 여러 번 푸는 것이 좋다고 조언하는 것이니, 자신의 현 상태를 파악하여 회독 수 전략을 결정하는 것이 현명하다고 할 수 있겠습니다.

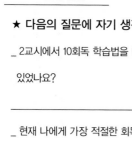

오늘의 코칭 질문

★ 다음의 질문에 자기 생각을 적으면서 수업 내용을 정리해 보세요.

_ 2교시에서 10회독 학습법을 배웠습니다. 나는 그동안 적절한 회독 수 전략을 사용하고

있었나요?

_____

_ 현재 나에게 가장 적절한 회독 수는 몇 회독일까요?

_____

_ 수업을 통해 새롭게 알게 되었거나 느낀 점이 있나요?

_____

✏️ 상위권 수준의 시간 분배 전략을 알고 있나요?

상위권과 중위권을 가르는 핵심은 계획을 짜는 능력입니다. 계획을 짤 때 핵심은 결국 시간 분배입니다. 시험 때까지 시간은 한정되어 있고 한정된 시간 안에서 가장 효율적인 시간 분배가 나와야 하는데, 다들 시간 분배에 둔감한 경우가 많습니다. 학원 다니는 학생들의 경우, 영어와 수학은 점수가 괜찮은데, 국어, 사회, 과학, 기타과목에서 성적이 안 나온다고 고민인 친구들이 있는데요. 어찌 보면 당연한 결과입니다. 영어학원을 월수금, 수학학원을 화목토 다닌다고 생각해 봅시다. 수학학원이든 영어학원이든 학원 입장에서는 담당하고 있는 과목에서 성적이 잘 나오는 게 중요하겠죠? 그러니, 영어학원은 영어 숙제를 왕창 내고, 수학학원은 수학 숙제를 왕창 내게 됩니다. 월요일에 영어학원 수업 듣고, 화요일은 수학학원 갔다가 영어 숙제하고, 수요일에 영어학원 갔다가 수학 숙제하고, 목요일에 수학학원 갔다가 영어 숙제하고…. 이런 사이클의 반복이 되는 거죠. 그러니, 국어나 과학 등 다른 과목 공부할 시간이 없습니다. 어느 과목이든 한 과목만 365일 공부하면 그 과목만큼은 성적이 잘 나옵니다. 그런데, 우리가 해야 할 것은 한 과목만 냅다 파서 100점을 받는 게 목표가 아니잖아요?

10시간 기준으로 과목별 시간 분배 예시	수학 4 영어 2 국어 2 사회 1 과학 1
상위권 학생 일주일 자기주도학습 시간 **(40시간 기준)**	수학 16 영어 8 국어 8 사회 4 과학 4

통상적으로 수학, 영어, 국어, 사회, 과학을 10시간 공부한다고 했을 때, 시간 분배는 수학 4, 영어 2, 국어 2, 사회 1, 과학 1로 하거나 수학 3.5, 영어 2.5, 국어 1.5, 사회 1, 과학 1.5 등으로 분배합니다. 시간 분배의 비율은 상위권 학생마다 조금 다를 수 있으나, 수학에 가장 많은 시간을 분배한다는 것이 특징입니다. 상위권 학생들이 주당 40시간 정도의 자기주도학습시간을 갖는다면, 일주일에 수학 투자시간이 14~16시간은 되는 것이죠. 혹시 그동안 수학 점수가 낮았다면, 수학에 투자한 시간이 너무 적었던 것이 아닌지 검토해 봐야 합니다. 여러분은 그동안 과목별 시간 분배를 어떻게 하고 있었나요? 상위권 수준의 시간 분배 전략을 사용하였나요?

**오늘의
코칭 질문**

★ **다음의 질문에 자기 생각을 적으면서 수업 내용을 정리해 보세요.**

_ 나는 일주일 동안 학습시간을 얼마나 확보하나요? 국어, 수학, 영어 과목에 몇 시간

씩 분배하고 있나요?

_____

_ 시간 분배를 조정해야 한다면, 어떤 과목의 시간을 줄이고 어떤 과목의 시간을 늘려

야 하나요?

_____

_ 수업을 통해 새롭게 알게 되었거나 느낀 점이 있나요?

_____

4교시

|

무엇을 이루기 위해
공부를 하고 있나요?

요즘 목표가 없는 학생은 드뭅니다.

정말로 그 목표가 자신의 것이 맞는지
진지하게 질문을 하면
의문을 가지는 학생도 있지요.

자신의 목표가 정말로 자신의 것이 맞는지를
점검하고 확신함으로써
나의 공부는 더욱 단단해질 수 있습니다.

목표에 대한 메타 인지를
훈련해 봅시다.

나는 무엇을 잘하고 흥미를 느끼나요?

3교시에서 공부계획 세우는 방법에 대해서 이야기를 했는데요. 계획을 세우려면 명확한 목표가 있어야 한다는 사실을 알게 되었습니다. 전략적인 계획은 계획 자체로 빛나는 것이 아니라 목표를 달성시켜줄 수 있는 계획일 때 비로소 빛나게 된다는 것이지요. 계획과 목표의 선후 관계를 굳이 따지자면, 계획보다 우선 결정되어야 하는 게 목표입니다. 따라서, 4교시에서는 공부 목표와 관련된 수업을 진행합니다.

1교시에서 공부 목표에는 3가지가 있다고 했지요? 그중에서 먼저 진로에 대한 이야기를 나누고자 합니다. 우리는 희망직업을 정하기에 앞서 진로를 먼저 정하는 것이 좋습니다. 여전히 직업과 진로를 구분하지 않고 사용하는 경우가 있는데, 우리는 지금부터 진로와 직업을 구분하여 생각하기로 합시다.

1교시에서 설명을 했던 것처럼 우리가 직업을 먼저 생각하게 되면 생각이 직업에 국한되어서 사고가 좁아질 수 있습니다. 진로를 생각하면 그 진로에 맞추어 여러 가지 직업이 떠오르게 되고, 어떤 직업을 가질까 행복한 고민을 할 수도 있으니, 진로를 먼저 생각하는 습관을 만드는 게 좋겠습니다.

나의 성격	(예) 내성적이다, 활발하다, 친구를 좋아한다, 꼼꼼하다, 파고든다 등
나의 장점	(예) 의리, 신용, 친절, 인내, 차분함, 경청 등
내가 잘하는 것	(예) 축구, 청소, 친구들 연락하기, 먼저 다가가기, 수업 잘 듣기 등
내가 좋아하는 것	(예) 맛있는 음식, 친구, 옷, 핸드폰, 게임, 공부하기 등
학교에서 두각을 나타내는 분야	(예) 수학, 미술, 체육, 영어, 음악, 독서, 봉사, 동아리 활동 등
다른 사람이 나에게 추천하는 직업	

진로라는 것은 '앞으로 어떤 삶을 살아갈 것인가?' 혹은 '나에게 어떤 삶이 가치있는 삶인가?'와 같이 넓은 의미를 포함합니다. 진로가 결정되면, 그 진로를 실현시켜 줄 직업을 고를 수 있게 되고요. 우리가 '변호사'라는 직업을 목표로 가질 수도 있으나, 만약에 로스쿨 입시에서 불합격하거나 로스쿨 진학 후에도 변호사 시험에 불합격하여 끝내 변호사가 되는 것이 좌절되었다면, 여러분의 마음은 과연 어떨까요? 처음부터 '법이 바로 선 나라를 만들고 싶다'라는 진로를 결정했다면, 직업적으로 변호사뿐만 아니라 판사

나 검사를 꿈꿀 수도 있고, 혹은 법을 제정하는 입법기관의 국회의원, 국회의원 보좌관, 국회 직원 등 다양한 직업을 선택할 수 있는 길이 열리게 되었을 겁니다. 그러니 진로를 결정할 때 하나의 직업에 국한해서 결정하지 말고, 자신의 인생 전체를 돌아보고 앞으로의 미래도 생각하면서 자신에게 맞는 진로를 만드는 것이 중요하다는 것을 기억하기 바랍니다.

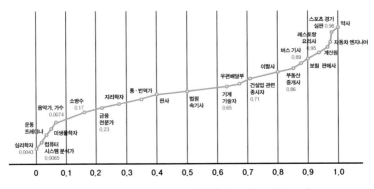

미래에 없어질 것으로 예상되는 직업 (출처 : 트렌드 에듀 2016)

진로를 정하기 위해서는 무엇이 중요할까요? 우선 자신에 대해서 잘 알아야 합니다. '나는 누구인가'와 같은 질문이 첫 번째 단계인데요. 자신의 성격, 장단점, 취미, 특기 등을 파악하여 어떤 것에 흥미가 있고 잘할 수 있는지, 두각을 나타내는지 등을 아는 것이 중요합니다. 무엇을 잘하는 지에 대한 대답이 채워졌다면, 그 다음으로 무엇을 좋아하는지에 대한 질문에 답을 해보면 좋겠습니다. 우리가 흔히 직업을 선택할 때, 내가 잘하는 것과 내가 좋아하는 것이 일치하면서 돈까지 벌 수 있다면 최고의 직업 선택이라고 하는데요. 좋아하는 일을 평생 잘할 수 있다면, 얼마나 행복한 직업 선택일까요?

　마지막으로 진로나 직업을 결정할 때는 미래를 예측해야 합니다. 요즘 알파고가 한창 유행을 하는데요. 알파고는 인공지능 분야에 대한 대명사가 되었습니다. 몇십 년 후 인공지능이 어떤 직업을 대체할지, 인공지능이 어떤 분야에 널리 이용될지는 예측한다면, 진로를 결정하는 데 도움이 되겠지요?

오늘의 코칭 질문

★ 다음의 질문에 자기 생각을 적으면서 수업 내용을 정리해 보세요.

_ 앞의 표를 채웠을 때, 나에게 어울리는 진로가 발견되었나요?

_____

_ 나의 진로에 맞추어 내가 선택할 수 있는 직업에는 무엇이 있을까요?

_____

_ 수업을 통해 새롭게 알게 되었거나 느낀 점이 있나요?

_____

✏️ 나는 진로에 맞추어 진학 로드맵을 짤 수 있나요?

진로가 결정되면 직업을 결정하거나 진학 로드맵을 짜는데 수월합니다. 로드맵은 기업·국가·국제 사회 등에서 어떤 일을 계획하거나 추진할 때 사용하는 것으로, 앞으로의 계획이나 전략 등이 담긴 구상도·청사진 등을 의미하는데요. 우리는 진학을 위한 로드맵을 짜보면서 목표를 더욱 명확히 할 수 있습니다. 진학 로드맵을 위해 다음의 표를 채워 볼까요?

진로	(예) 아픈 사람들을 도우며 살겠다
직업	(예) 의사, 간호사, 의약품 연구학자, 간호사, 의공학자, 로봇기술자
학과	(예) 의대
학교	(예) 서울대, 연세대, 성균관대, 가톨릭대, 울산대, 고려대, 중앙대, 한양대 등
수능점수	(예) 400점 만점 중 396점
학생부관리	(예) 내신 평균 1.1등급, 교내경시대회 수상, 봉사 150시간, 생명동아리 활동, 독서

진학 로드맵을 만들 때, 가장 먼저 써야 할 것은 진로입니다. 앞서 결정된 진로를 써넣은 후, 진로에 알맞은 직업을 적어보세요. 과거에는 진로나 직업과 관계없이 대학 진학 자체를 목표로 삼고 공부를 하는 경우가 많았는데요, 요즘 대학 이름을 보고 진학을 하기보다 학과를 보고 대학을 선택하는 경우가 늘고 있습니다. 특히 의사, 변호사, 교사 등 전문직이라면 더욱 그런데요. 이렇게 진로부터 학생부관리까지 일목요연하게 써보는 것 자체로 목표가 상당히 뚜렷해지고 마음이 안정되는 효과가 있습니다. 목표를 세운다는 것 자체가 마음의 안정을 위한 것 아닐까요? 공부하면서도 내가 왜 공부를 해야 하는지 불안하거나 의심이 들 때가 있는데요, 미래의 자신의 모습을 그려봄으로써 이런 불안은 상당히 줄어들게 된답니다. 학과별로 무엇을 배우는지, 어떤 직업을 가질 수 있는지 등의 안내와 설명이 궁금하다면 서울대 홈페이지의 학과 안내를 들어가 볼 것을 추천합니다. 학과별로 친절히 설명되어 있답니다. 여러분은 그동안 진로에 맞추어 직업을 선택하였나요? 원하는 직업을 가지기 위해 어떤 학과에 진학해야 하는지 충분히 고민했나요? 오늘 수업을 통해서 이런 고민을 충분히 해볼 것을 권합니다.

오늘의 코칭 질문

★ 다음의 질문에 자기 생각을 적으면서 수업 내용을 정리해 보세요.

_ 나는 진로와 직업을 바탕으로 어떤 학과에 진학하는 것이 좋을까요?

_____

_ 내가 희망하는 대학과 학과를 위해 앞으로 어떤 노력을 해야 하나요?

_____

_ 수업을 통해 새롭게 알게 되었거나 느낀 점이 있나요?

_____

🗒 나는 원하는 대학의 입학점수를 찾아봤나요?

우리가 목표를 세우다 보면 진로나 직업, 대학 목표를 먼저 세우기 힘든 경우도 있습니다. '일단 대학은 가고 싶다'라고 말하는 친구들도 있는데요, 그 말도 일리가 있습니다. 10대의 나이에 평생의 진로를 세우라고 요구하는 어른이나 사회의 요구가 무리일 수도 있는 것이죠. 이것저것 생각하기 귀찮고 어렵지만, 공부는 해야겠고 대학은 가야겠다면, 수능이든 내신이든 점수를 끌어올리는 것을 목표로 잡을 수도 있습니다.

점수를 목표로 잡기 위해선 우선 진학하고 싶은 대학의 점수부터 확인해야겠죠? 알파고의 유행으로 주목을 받는 컴퓨터/소프트웨어 관련 학과의 2016학년도 입학성적은 어떻게 될까요? 함께 확인해 볼까요?

대학명	학과명	지원 가능점수 (수능 원점수 기준)
고려대	컴퓨터학과	385
서울대	컴퓨터공학부	379
성균관대	소프트웨어학과	378
연세대	컴퓨터과학과	377
한양대	소프트웨어전공	377
서강대	컴퓨터공학전공	366
중앙대	컴퓨터공학부	363
이화여대	컴퓨터공학과	356
서울시립대	컴퓨터과학부	353

출처 : 중앙일보

예를 들어서 서강대 컴퓨터공학전공에 입학하려면, 2016학년도 수능 원점수 기준으로 366점을 받아야 합니다. 이과의 경우 수능은 국어 100점, 수학 100점, 영어 100점, 과학탐구 50점 2과목으로 점수가 구성되는데, 현재 나의 점수가 280점이라면, 366점을 받기 위해 어떻게 해야 할지를 고민해야겠죠? 이런 고민을 반영한 것이 목표 점수입니다.

과목	현재 점수	목표 점수
국어	80	95
수학	60	90
영어	80	93
과학 탐구1	30	44
과학 탐구2	30	44

현재 자신의 상황에서 가장 빨리 목표 점수로 도달할 수 있는 방법을 생각하면서 과목별 목표 점수를 만들게 되는데요. 이렇듯 목표가 수치화되면, 달성해야 하는 점수가 명확히 보이기 때문에 점수를 달성하기 위해 더욱 구체적인 노력을 하게 됩니다. 그리고 이 점수를 꼭 달성해야만 원하는 대학을 갈 수 있기 때문에 다른 걱정 없이 점수를 달성하는 것에 모든 역량을 쏟을 수 있지요. 여러분은 원하는 대학이 있나요? 원하는 대학의 가기 위한 목표 점수는 몇 점인가요?

오늘의 코칭 질문

★ 다음의 질문에 자기 생각을 적으면서 수업 내용을 정리해 보세요.

_ 내가 입학하고자 하는 대학과 학과는 몇 점을 목표로 해야 하나요?

_____

_ 희망 대학과 학과의 홈페이지에 방문하여 입학성적을 확인해 본 적이 있나요?

_____

_ 수업을 통해 새롭게 알게 되었거나 느낀 점이 있나요?

_____

📝 나는 SMART한 공부 목표를 세울 수 있나요?

4교시에는 여러 가지 목표에 대해서 알아봤는데요. 목표는 구체적이면 구체적일수록 좋습니다. 어떤 목표가 구체적인 목표일까 고민된다면, SMART 방법을 주목하세요. SMART는 S(Specific), M(Measurable), A(Action-oriented), R(Realistic), T(Time-bound)의 축약어로, 목표를 세울 때는 구체적(S)이고 측정 가능(M)하며 행동 지향적(A)이고 실현 가능(R)하도록 마감 시간(T)을 둔 목표를 세워야 한다는 뜻입니다. 예를 들어 볼까요?

SMART 하지 못한 목표	전교 1등을 하겠다. 국어, 영어, 수학, 사회, 과학을 100점 받겠다.
SMART한 목표	중간고사 수학 100점을 받기 위해서 겨울방학 동안 완자를 2회독하고 쎈 수학을 1회독 한 후, 학기 중에는 쎈 수학을 1회독 후 에이급 수학을 1회독 하겠다.

'전교 1등을 하겠다' '국어, 영어, 수학, 사회, 과학을 100점 받겠다'라는 목표보다는 '중간고사 수학 100점을 받기 위해서 겨울방학 동안 완자를 2회독하고 쎈 수학을 1회독한 후, 학기 중에는 쎈 수학을 1회독 후 에이급 수학을 1회독 하겠다'라는 목표가 훨씬 SMART한 목표임을 알 수 있습니다. 100점이라는 구체적(S)이고 측정 가능(M)한 목표이면서, 문제집 몇 권을 어떻게 풀겠다는 행

동지향적(A)이 포함되어 있으며, 학기 중에 풀겠다는 마감 시간(T)과 완자, 쎈 수학, 에이급 수학 등을 한 학기동안 적절한 양으로 분배하여 실현 가능(R)하도록 만든 완벽한 목표입니다.

아울러, '공부할 때 완자는 개념 이해와 공식암기 중심으로, 쎈 수학은 유형익히기 중심으로, 에이급 수학은 사고력 배양을 중심으로 공부하겠다'라는 마음의 목표까지 잡는다면 완벽한 목표가 되겠죠?

여러분이 현재 가지고 있는 목표가 있다면, 그 목표를 'SMART'에 맞추어 비교해봅시다. 여러분의 목표는 SMART한가요? SMART한 목표가 아니라면, 지금 바로 SMART한 공부 목표를 세워볼까요? 어떤 목표를 세울 수 있을까요?

오늘의 코칭 질문

★ 다음의 질문에 자기 생각을 적으면서 수업 내용을 정리해 보세요.

_ 나는 공부와 관련하여 어떤 목표를 가지고 있나요?

_____

_ 나의 목표를 SMART하게 적어 본 적이 있나요? 지금 한번 SMART하게 적어보는
   건 어떨까요?

_____

_ 수업을 통해 새롭게 알게 되었거나 느낀 점이 있나요?

_____

5교시

|

국·영·수 등급을
바꿀 수 있는
핵심 포인트는 무엇인가요?

수능 시험의 주요과목인
국어. 수학. 영어는
공부의 핵심입니다.

영역별로
어떠한 메타 인지 능력이
성적을 상승시키는데
도움이 될지 생각해 봅시다.

국어 공부 3가지 포인트

① 국어가 제일 만만한가요?

강연을 가면 앙케트 조사를 합니다. 학부모나 학생들에게 '국, 영, 수 중 가장 못 하는 과목이 무엇인가?'라고 질문을 하면, 학부모들은 대체로 수학에 손을 가장 많이 듭니다. 학생들도 예외가 아니라서 역시나 수학에 손을 가장 많이 드는데요. 그 다음으로 비율이 높은 과목이 영어이고요. 국어가 어렵다고 하는 사람은 잘 보지를 못합니다. 그런데, 이상한 점이 있습니다. 수학이든 국어든 영어든 일정 비율로 등급이 나뉘어 있어요. 수학 9등급의 비율이나 국어 9등급 비율은 모두 똑같이 4%입니다. 반대로 수학 1등급 비율이나 국어 1등급 비율이 같습니다. 그러니, 수학을 못한다고 말하는 인원이 상대적으로 많을 이유가 없잖아요? 수학을 못 하는 사람의 비율이나 국어를 못하는 사람의 비율이 같아야 정상입니다. 왜 조사를 하면 이런 결과가 나올까요?

우리는 공부를 체감하면서 수학은 어려운 과목이고 국어는 상대적으로 쉬운 과목이라고 착각을 하는 경향이 있습니다. 국어는 공부하지 않아도 60~70점은 나오는데, 수학은 공부하지 않으면

20~30점이 나오거든요. 점수만 놓고 보면, 수학은 어렵고, 국어는 쉬운 과목이라고 착각을 할 수가 있습니다. 그러나 조금만 깊이 들여다 보면요, 우리는 잘하고 못 하고의 기준을 점수에 둘 것이 아니라 등급에 둬야 한다는 것을 알 수 있습니다. 등급은 상대적 순위입니다. 어렵다와 쉽다의 느낌은 주관적인 것이지요. 수학은 비록 대부분 학생에게 어렵게 느껴지고 점수가 낮게 나오지만, 대부분 학생에게 어려운 과목이기 때문에 점수가 낮아도 등급은 잘 나오게 됩니다. 수학은 60점이고 국어는 80점이지만, 정작 등급은 수학이 3등급, 국어가 4등급일 수 있는 거죠. 이럴 경우, 이 학생은 수학을 못 하는 학생인가요, 국어를 못하는 학생인가요?

수학을 못 하는 학생이나 국어를 못하는 학생이나 그 비율은 같아야 함을 명심해야 합니다. 자신의 성적표를 한번 점검해 볼까요? 의외로 영어, 수학보다 국어 등급이 낮은 학생들이 많이 있을 것입니다. 특히 최상위권의 승패는 국어가 좌우합니다. 상위권으로 갈수록 영어와 수학은 안정적인데, 국어 등급이 불안정해서 불안해하는 학생들을 많이 만나게 되는데요. 우리가 국어 공부를 시작하면서 첫 번째로 해야 할 일은 국어를 만만하게 보는 마음에서 벗어나는 것입니다. 성적표를 꺼내서 국, 영, 수 중 어떤 과목을 가장 못 하는지 점검해 해볼까요? 국, 영, 수 과목 중 가장 등급이 낮게 나오는 과목은 어떤 과목인가요? 혹시 국어 등급이 가장 낮은 학생이 있다면, 그동안 국어가 가장 못 하는 과목이라는 사실을 인지하고 있었나요?

오늘의 코칭 질문

★ 다음의 질문에 자기 생각을 적으면서 수업 내용을 정리해 보세요.

_ 나의 성적표를 확인해 봅시다. 국어, 수학, 영어, 탐구 중 가장 등급이 낮은 과목은

어떤 과목인가요?

_____

_ 나는 그동안 나의 국어 실력과 성적에 대하여 어떤 생각을 하고 있었나요?

_____

_ 수업을 통해 새롭게 알게 되었거나 느낀 점이 있나요?

_____

② 국어 어휘 공부는 왜 중요할까요?

국어는 국, 영, 수 과목 중에서 가장 높은 이해력과 추론 능력이 필요한 과목입니다. 국어가 잘 되는데 영어가 안 된다면 노력 부족이지만, 영어는 잘 되는데 국어가 안된다면 능력 부족입니다. 기본적으로 국어가 잘 되면 수학이나 영어도 잘할 수 있는 기본기가 있는 것으로 해석할 수 있습니다. 국어를 잘한다는 것은 말을 있는 그대로 잘 이해한다는 뜻이고, 글을 바탕으로 추론이나 비판을 잘한다는 뜻이 됩니다.

국어는 우리말인 만큼 쉬운 듯하지만, 읽어도 무슨 말인지 모르는 개념의 혼란에 빠지는 경우도 많습니다. 수학의 공식을 외워야 문제를 풀 수 있는 것처럼, 국어도 지문이나 문항에 등장하는 개념어들을 알아야 문제를 풀 수 있는데요. 영어에서 필수 단어를

암기하는 것처럼, 국어도 개념어를 알아야 문제나 지문을 이해하고, 지문을 분석할 수 있습니다.

국어 개념 & 어휘 추천교재		
중등	다산 에듀	서울대 합격생 기적의 어휘공부법
	숨마주니어	중학 국어 어휘력
	꿈틀	국어개념완성
고등	EBS	윤혜정의 개념의 나비효과
	자이스토리	국어 개념어 완성

특히 중학생들에게 이런 활동들이 필요합니다. 『서울대 합격생 기적의 어휘공부법』에는 '사람은 자신이 알고 있는 단어의 숫자에 비례하여 세상을 더 정교하고 섬세하게 인식할 수 있다'라는 문장이 나옵니다. 어휘공부의 중요성을 이보다 더 잘 설명한 문장이 있을까요? 그동안 국어 개념이나 어휘공부에 소홀했다면, 지금 바로 서점으로 달려가 다음의 책들을 살펴보세요. 그리고 본인에게 가장 적합한 책을 공부하기 바랍니다. 고등학생이라도 어휘가 약하다면, 중등 교재부터 시작하기를 추천합니다. 영어단어 암기만큼 국어 어휘공부가 중요하다는 사실을 잊지 말아야 합니다.

★ 다음의 질문에 자기 생각을 적으면서 수업 내용을 정리해 보세요.

_ 나는 그동안 국어 어휘 공부를 별도 해본 적이 있나요?

_____

_ 국어 어휘 공부에 대한 필요성을 느꼈다면 이유가 무엇이며, 못 느꼈다면 그 이유는

무엇인가요?

_____

_ 수업을 통해 새롭게 알게 되었거나 느낀 점이 있나요?

_____

③ 감성과 이성의 절묘한 조합

국어가 왜 어려울까요? 그 이유 중 하나는 국어 시험의 구성에서 찾을 수 있는데요. 수능 국어 시험은 화법, 작문, 문법, 문학, 독서 등 5개 영역으로 구성이 됩니다. 화법, 작문, 문법을 묶어서 '화작문'이라고 하는데, 수능 45문제가 화작문에서 15문제, 문학에서 15문제, 독서에서 15문제가 나오는 까닭에 화작문이라고 묶어서 부르게 되었지요. 이렇게 영역을 나누어 생각을 해보면, 국어는 학생들의 감성과 이성을 모두 요구하는 꽤 까다로운 시험임을 알 수 있습니다.

사람은 보통 감성적이든 이성적이든 한쪽으로 치우치기가 쉬운데 국어는 두 가지 능력을 모두 요구합니다. 2013년 7월의 일입니다. 고3 모의고사 시험장이 눈물바다가 되었는데요. 국어영역 지

문으로 등장한 노희경 작가의 '세상에서 가장 아름다운 이별'을 읽으면서 수험생들이 너무 슬픈 나머지 시험을 보면서 펑펑 울었다는 것이죠. 이 소식은 당시 화제가 되어 각종 뉴스에 보도되었습니다. 이렇게 울컥한 학생들이 논설문이나 설명문의 독서 문제를 풀 때는 슬픈 감성에서 벗어나 냉철한 분석력을 이용해서 과학, 기술 지문을 읽었어야 했으니, 국어 시험이 여간 어렵고 까다로운 게 아니었을 테지요.

시, 소설, 시나리오 등 문학 지문들은 감상을 위한 것이고, 화작문, 독서 등 비문학 지문들은 논리적 설명이나 설득을 위한 것입니다. 시를 읽을 때는 화자가 처한 상황을 이해하며 감상하라고 하고, 논설문을 읽을 때는 논리적 근거를 찾으라 하니, 80분이라는 짧은 국어 시험 시간 동안 우리의 뇌는 갈팡질팡하는 것입니다.

국어 문학 & 비문학 추천교재		
고등	신사고	국어의 기술 1, 2
	키출판사	매삼비, 매삼문
	수경출판사	자이스토리 국어 문학, 비문학
중등	신사고	국어의 기술 0
	키 출판사	예비 매삼비, 예비 매삼문

국어 공부를 하는 데 있어 정답은 없지만, 왕도는 있습니다. 국어는 우선 다양한 분야의 독서가 키포인트입니다. 요즘은 만화로 된 책 중에서도 수준 높은 책들이 많이 있는데, 어떤 장르가 되었든 다양한 독서를 경험한 학생이 국어 시험에 대한 부담을 줄일

수 있습니다.

국어 시험을 대비하기 위해서는 영역별 체계적인 시험의 기술을 익히는 게 좋습니다. 모든 과목이 그렇지만 국어의 경우 특히 기출 문제 풀이가 중요합니다. 수능 국어 시험에서 고득점을 한 학생들의 공통적인 공부법 중 하나가 기출 문제를 여러 번 풀어봤다는 것인데요. 한 번 풀어보는 데서 그치는 것이 아니라, 기출 문제를 반복적으로 풀면서 출제 스타일을 익히고 지문들의 쓰임을 어느 정도 파악하고 수능에 임했다는 점입니다. 국어라는 과목에 대한 적응력도 중요하지만, 시험 자체에 대한 분석과 파악도 중요함을 기억합시다.

 **오늘의
코칭 질문**

★ 다음의 질문에 자기 생각을 적으면서 수업 내용을 정리해 보세요.

_ 나는 국어 학습법에 대한 정리가 머릿속에 잘 되어 있나요?

_____

_ 화법, 작문, 문법, 문학, 독서 중 가장 시급히 정복해야 할 국어의 영역에 대한 대비

책은 무엇인가요?

_____

_ 수업을 통해 새롭게 알게 되었거나 느낀 점이 있나요?

_____

📝 수학 공부 4가지 포인트

① 여러분은 SPECIALIST인가요, GENERALIST인가요?

자, 이제 수학 이야기를 할 텐데요. 수학이 어렵고 하기 싫은 과목이었다면, 수학에 대한 생각부터 바꿔 보도록 하겠습니다. 국어를 설명하면서 언급을 했듯이 우리는 착각을 하고 있었습니다. 국, 영, 수 중 수학을 가장 못 한다고 생각하는 사람의 비율이 가장 높지만, 사실은 국어든 영어든 수학이든 못하는 사람의 비율은 동일하게 존재한다는 것이죠. 잘하는 사람의 비율도 마찬가지입니다.

그러니 우선 나의 객관적인 위치부터 살펴봐야 합니다. 수학을 못 한다고 생각하는 학생 중 많은 학생은 사실 수학을 못 하는 것이 아니라는 겁니다. 점수가 단지 낮게 나올 뿐이지, 등수나 등급을 보면 수학 등급이 그렇게 낮지 않다는 것을 발견할 수 있습니다. 오히려 국어나 영어보다 수학 등급이 더 높을 수도 있어요. 여러분이 고등학생이라면 여러분의 등급을 확인해 보기 바랍니다.

학생들이 어렵다고 느끼며 가장 못 한다고 느끼는 수학이라는 산을 정복하기 위해서, 우리는 처음부터 에베레스트산을 등정하듯 달려들진 않을 겁니다. 집 뒤의 낮은 산에 올라간다는 기분으로 가볍게, 부담 없이 접근하는 것이 좋겠지요.

내신이나 수능 수학 시험은 올림피아드나 경시대회처럼 수학의 전문가(specialist)를 뽑는 시험이 아닙니다. 모든 학생을 대상으로 하며, 학생들의 성취도를 알아보기 위해 시험이 진행됩니다. 수학 문제의 난이도를 상, 중, 하로 나눈다면, 수학 시험은 항상 상, 중, 하 문제가 골고루 출제되지요. 모든 단원을 누가 꼼꼼히 빠짐없이 공부했는가를 측정하는 시험이 내신시험이며, 수능 수학 시험입니다.

우리가 공부해야 할 단원이 10개라고 생각해 봅시다. 시험 전까지 같은 시간이 주어졌는데, 영희는 5개 단원을 상 문제까지 열심히 풀다 보니 시간이 부족해서 시험 범위 공부를 다 못하고 시험에 임했고, 철수는 상 문제는 일단 포기하고 중 문제까지만 10개 단원을 공부하고 시험에 임했습니다. 누가 성적을 잘 받았을까요? 영희는 50점 정도의 성적을 받겠지만, 철수는 70점 정도의 점수를 받을 수 있습니다.

수학이 싫어지는 첫 번째 이유는 수학이 어렵기 때문인데요. 단원별로 어려운 문제는 항상 존재하기 마련이고 그 문제를 끝까지 풀고 다음 단원으로 넘어가려고 하니 수학에 질려버리는 것이죠. 영희처럼 수학 공부를 하는 것도 중요하지만, 철수처럼 수학 공부를 하는 것이 수학 점수를 높게 받는 데 도움이 될 수 있습니다. 수학이 어렵다고 느껴지는 학생들은 각 단원의 쉬운 문제부터 완벽히 푸는 연습을 하세요. 한 단원을 붙들고 상 문제까지 고민하는 자세도 중요하지만, 여러 단원의 쉬운 문제를 모두 푸는 사람 (generalist)이 되는 것이 수학 시험을 대비하는 데 있어 더 중요함을 잊지 말았으면 합니다.

오늘의 코칭 질문

★ 다음의 질문에 자기 생각을 적으면서 수업 내용을 정리해 보세요.

_ 나는 수학 공부에 대해서 어떤 생각을 가지고 있나요?

_____

_ 나의 수학 공부 방식은 SPECIALIST인가요, GENERALIST인가요?

_____

_ 수업을 통해 새롭게 알게 되었거나 느낀 점이 있나요?

_____

② 개념이해-공식암기-문제풀이? 공식암기-문제풀이-개념이해?

교과서나 수학의 정석과 같은 수학책을 볼까요? CHAMP 학습법에서도 설명했지만 어떤 단원이든 책의 구성은 ① 개념설명 → ② 공식정리 → ③ 문제풀이 순으로 되어 있음을 알 수 있습니다.

수학은 항상 개념을 이해하고 공식을 암기한 후 문제를 푸는 방식입니다. 그런데, 이상하게 우리는 ① 공식암기 → ② 문제풀이 → ③ 개념복습으로 공부합니다. 왜 그럴까요? 개념설명은 너무 길기 때문에 지루하고 이해가 잘되지 않습니다. 그런데 짧은 공식을 보고 그 공식을 문제에 대입하면 문제가 쉽게 풀립니다. 그러니 그게 더 효율적이고 재미가 있는 방식 같은 거죠. 그런데, 문제는 언제 발생하죠? 조금만 문제가 꼬이거나 응용되면 깊이 없이 받아들인 나의 수학 실력은 바로 바닥을 드러냅니다. 그러면서 수학이 어렵다고 생각을 하는 거죠.

교과서를 보면, 한 단원을 알려주는 데 있어서 항상 개념 설명이 3~4페이지 이상을 차지하고, 몇 줄의 공식 정리, 그리고 문제 풀이의 연속으로 구성됩니다. 왜 그렇게 많은 페이지를 개념 설명에 할애하는 것일까요? 공식이 나오게 된 원리를 아는 것이 그만큼 중요하다는 말입니다.

피타고라스의 정리는 '직각삼각형일 때, $a^2+b^2=c^2$이다'라는 한 줄로 공식은 끝이 납니다. 그런데, 이 공식을 증명하려고 유클리드의 증명과 같은 것을 이용해서 엄청나게 길게 설명을 하고 있지요. 공식만 암기했을 때, 어느 정도 수준의 문제는 쉽게 풀이할 수 있지만, 서술형 문제나 응용문제 풀이에서는 취약함이 드러나게 됩니다.

수학 공부를 할 때는 우선 '수학은 문제를 많이 풀어보는 것이 중요하다'라는 양치기 접근법에서 벗어나야 합니다. 문제풀이의 목적은 문제풀이 자체에 있는 것이 아니라, 공식암기가 제대로 되었는지, 개념을 정확하게 이해하고 적용할 수 있는지를 확인하기 위한 절차임을 인식했으면 합니다.

★ 다음의 질문에 자기 생각을 적으면서 수업 내용을 정리해 보세요.

_ 나는 수학 공부를 할 때, 개념 이해를 위해 얼마나 많은 시간을 투자하나요?

_____

_ 수학 공부를 하다가 개념이해 및 유도증명이 잘 되지 않을 경우, 어떤 방법을 취해야

할까요?

_____

_ 수업을 통해 새롭게 알게 되었거나 느낀 점이 있나요?

_____

③ 여러분은 수학적 스케치 시간을 충분히 가지나요?

수학 공부를 할 때, 공식암기는 충분히 되었는데, 문제를 풀려고 하면, 막상 문제가 안 풀리는 학생들이 있지요? 이런 학생들은 문제를 풀 때, '문제 해석력'을 길러야 합니다. 개별 공식들은 다 암기했지만, 개념이나 공식을 어디에 어떻게 적용해야 할지를 모른다는 거죠. 이런 학생들은 문제를 접했을 때, 우선 이 문제가 어느 단원에 해당하는지 파악하는 연습을 해야 합니다.

그림을 그릴 때 스케치가 있어야 색을 칠하기 편하듯, 수학 문제를 풀 때도 문제를 해석하고 개념이나 공식을 어떻게 적용할지 생각하는 '수학적 스케치' 시간이 필요합니다. 모든 문제의 정답지 해설을 보면, '출제의도'라는 것이 나오는데요. 출제의도를 알게 되면, 출제의도에 맞추어 개념과 공식을 적용해서 문제를 풀면 되기

때문에, 문제가 비교적 쉽게 풀리게 됩니다. 수학적 스케치 시간이란, 문제를 마주했을 때, 출제의도가 무엇인지, 무엇을 물어보기 위해 문제가 출제되었는지 등을 생각하는 시간을 뜻합니다. 출제의도가 파악되면 대부분 문제는 10줄 안에서 식이 끝나게 되어 있습니다. 본인이 가지고 있는 수학 문제집의 정답지 해설을 펼쳐 놓고 확인해 보세요. 대부분 문제의 풀이는 10줄 안에서 식이 끝남을 알 수 있습니다.

학생들이 수학 문제를 풀 때, 범하는 오류 중 하나는 문제를 제대로 해석하지 않고 무작정 숫자나 공식을 대입하면서 어떻게든 풀어보려고 끙끙댄다는 것인데요, 우리가 집을 지을 때도 무작정 벽돌을 쌓는다고 집이 지어지는 것이 아닙니다. 제대로 된 집이 나오려면 건축설계도가 완벽해야 하고, 설계도에서 제시한 재료를 가지고 집을 지어야 비로소 제대로 된 집을 짓게 되는데요. 건축설계도만 제대로 갖추어지면 실제로 집을 짓는 건 시간문제일 뿐 그리 어려운 것이 아닐 수 있습니다(물론 시공 자체가 어려운 건축물들도 있습니다).

수학은 복잡하게 문제를 푸는 시험이 아니라 우리가 알고 있는 개념이나 공식을 문제에 맞게 적용하는 능력을 평가하는 시험입니다. 우리가 문제를 읽고 제대로 해석한 후에 어떤 식으로 풀어야겠다는 해결 도면만 그려지면, 그 다음은 공식을 집어넣고 더하기, 빼기, 나누기, 곱하기 등 산수만 남게 되는 것이지요. 그러니, 문제를 봤을 때 답답하더라도 무작정 풀려고 달려들지 말고, 천천히 이 문제를 어떤 방향과 방식으로 풀어야 할지 수학적 스케치 시간을 가지면서 문제를 해석하는 습관을 길러야 함을 잊지 말았으면 합니다.

오늘의 코칭 질문

★ 다음의 질문에 자기 생각을 적으면서 수업 내용을 정리해 보세요.

_ 나는 수학 문제를 풀 때, 수학적 스케치 시간을 충분히 가지는 편인가요?

_____

_ 수학적 스케치 시간을 제대로 가지기 위해서 나는 우선 무엇부터 해야 할까요?

_____

_ 수업을 통해 새롭게 알게 되었거나 느낀 점이 있나요?

_____

④ 수학은 이해과목인가요, 암기 과목인가요?

수학은 암기 과목이 아니라 원리 파악, 개념 이해가 중요한 과목이라고 말하는 사람들이 있습니다. 맞는 말입니다. 수학은 개념이나 원리에 대한 파악이 중요하고 적용이 중요한 대표적인 과목이지만, 암기가 안 되면 시험에서 좋은 점수를 받을 수 없는 과목이기도 합니다.

안타깝게도 수학이 암기 과목이 아니라는 생각에 필수적인 개념이나 공식조차도 외우지 않는 학생들이 있는데요. 모든 과목은 암기가 필요합니다. 그런데 유독 수학만 암기가 없어도 되는 과목이라고 오해를 합니다. 수학도 암기 과목이며 생각보다 많은 암기를 해야 합니다. 이것은 흡사 '가나다라마사'와 같은 기호를 익히는 것과 같은 것인데요. 알파벳을 읽을 수 있어야 영어단어를 이해하고, 한글을 알아야 국어문장을 읽을 수 있듯이, 수학기호와 공식을 알아야 수학적으로 대화가 가능합니다. 이것은 약속입니다. 알파벳이나 한글의 발음을 모든 사람이 똑같이 해야 하는 것처럼, 수학의 공식은 이렇게 적용하고 이렇게 풀자고 서로 약속을 한 것입니다. 우리가 학교 규칙, 교통법규를 지키듯, 그 약속들을 암기하고 있어야 수학에서의 규칙을 지킬 수 있죠.

그리고 수학은 대표적으로 과거에 연연해야 하는 과목입니다. 수학은 누적형 학습이기 때문에 과거에 배웠던 공식을 암기하지 못하고 있으면 현재의 시험 문제를 풀 수 없는 경우가 자주 발생합니다.

수학은 기초가 중요하기 때문에 '1학년 때 수학을 못 했지만 2학년 때 잘해야지'라는 생각이 먹혀들지 않는 과목이기도 합니다. 흔히들 수학 선행에 집착하면서, '우리 아이가 중학교 때 이미 고등 수학을 다 했는데, 왜 성적이 이렇게 저조할까요?'라고 질문하는 부모들이 있습니다. 이 경우 선행을 시킬 것이 아니라 후행을 시켰어야 했습니다. 수학은 선행보다 더 중요한 것이 후행 학습입니다.

초등학교 때 비례 부분이 힘들면, 중학교 2학년 때 일차함수가 힘들어지고, 일차함수가 힘들어지면 중학교 3학년 때 이차함수가 힘들어지고, 이차함수가 힘들어지면 삼차함수, 미분, 적분 등 모든 것이 힘들어지는 악순환에 들어서게 됩니다. 우리에게 중요한 것은 선행일까요, 후행일까요? 판단은 각자의 몫이지만, 수학을 잘하고 싶다면 과거에 연연하는 습관을 들였으면 합니다. '과거를 잊지 않아야 수학을 잘할 수 있다'는 말을 꼭 기억하기 바랍니다.

오늘의 코칭 질문

★ 다음의 질문에 자기 생각을 적으면서 수업 내용을 정리해 보세요.

_ 나는 현재 수학을 후행 학습 중인가요, 선행학습 중인가요?

_____

_ 나에게 필요한 것은 수학의 후행 학습일까요, 선행학습일까요?

_____

_ 수업을 통해 새롭게 알게 되었거나 느낀 점이 있나요?

_____

✏️ 영어 공부 3가지 포인트

① 미국에서는 거지도 영어를 잘한다

영어 공부와 국어 공부는 별반 다를 게 없어 보입니다. 미국 사람이 모국어인 영어를 공부하는 것은 우리가 모국어인 국어를 공부하는 것이나 똑같지 않을까요? 우스갯소리로 '미국에 가면 거지도 영어를 잘한다'는 말이 있습니다. 365일을 영어 공부에 몰두하는 데도 영어 듣기 평가를 하면 문제의 절반은 들리지 않는 대한민국 영어 교육의 현실. 어떻게 영어 공부를 해야 효율적으로 영어를 내 것으로 만들 수 있을까요?

일단 언어라는 것은 자주 사용하고 익혀야 합니다. 익숙해져야한다는 말이지요. 우선은 많은 단어를 알아야 하고, 알아들을 수 있는 게 중요합니다. 그런 의미에서 영어단어 암기가 매우 중요한데요, 단어를 암기만 하고 사용하지 않으면 잊어버리기 때문에, 우리는 암기한 단어를 듣기, 말하기, 읽기 등을 통해 사용하려고 애를 써야 합니다. 그렇기에 가급적 매일 영어 공부를 하려는 이유입니다.

중요한 것은 많은 단어를 알아야 합니다. 영어 공부는 '단어가 8할이다'라는 말이 있듯, 단어를 많이 알아야 더 많이 들리고 더 많이 읽고 이해할 수 있는 '영어 선순환의 법칙'이 성립됩니다.

우리가 단어를 외울 때 흔히 사용하는 방법 중 하나가 연습장에 단어를 써가며 외우는 방식인데요, 단어를 빠르게 많이 익히는 방법은 연습장에 단어를 쓰면서 스펠링에 집중하는 방식보다는 단어의 발음을 정확히 익히면서 듣기나 읽기에서 단어를 활용하는 방식입니다. 단어의 발음에 주목하는 이유는 발음을 제대로 익혀야 듣기를 할 때도 들리기 때문인데요. 또한 발음을 정확히 익혀야 적은 단어를 알고 있더라도 회화가 가능해지기 때문이기도 합니다.

그렇다면, 단어를 암기할 때, 단어 책을 별도로 구입해서 단어를 외우는 방법은 효과적일까요? 단어는 많이 알면 알수록 좋기 때문에 단어 책을 별도로 구입해서 외우는 것도 효과적이지만, 영어를 싫어하고 못 하는 학생이라면, 별도의 단어 책을 구입하기보다는 학교의 교과서 단어를 외우는 것이 더 효과적인 방법임을 추천합니다. 단어는 눈에 보이고 계속 사용되어야 내 것이 된다는 측면에서 생각을 해보면, 단어 책을 별도로 사서 외우는 것도 좋지만, 우선 해야 할 것은 교과서 단어를 완벽히 외워서 수업에 적응하고 수업 시간에 선생님 말씀을 하나라도 더 이해하는 것이 성적에도 도움이 됩니다.

내신시험 대비를 위해 적어도 3~4번은 자습서나 교과서를 본다고 했을 때, 교과서 단어를 우선 암기해 놓으면, 수업 시간에 한 번 노출이 되고, 스스로 예습이나 복습을 할 때도 계속해서 단어에 노출되겠죠? 그러다 보면, ① 단어 암기 ② 독해 연습 ③ 수업 ④ 독해 복습 등 적어도 4번은 단어를 반복해서 공부할 수 있기 때문에 암기가 안 되려고 해도 안 될 수가 없습니다. 이 단어들은 자연스럽게 내 것으로 체화됩니다. 교과서 단어만으로는 단어 암기가 불충분하다고 생각이 될 때, 독해나 문법 문제집의 단어들을 우선 암기해 보세요. 암기했던 단어들이 독해나 문법 문제풀이에서 사용되면, 훨씬 빨리 단어들이 자신의 것으로 될 것입니다.

★ 다음의 질문에 자기 생각을 적으면서 수업 내용을 정리해 보세요.

_ 나의 내신 영어 성적은 어떠한가요? 나는 그동안 어떤 방식으로 단어를 암기하고 있었나요?

_____

_ 나의 영어 성적을 분석했을 때, 나에게 적합한 단어 암기 방법은 무엇인가요?

_____

_ 수업을 통해 새롭게 알게 되었거나 느낀 점이 있나요?

_____

② 어릴 땐 라이팅과 스피킹을

영어 공부의 4영역을 이야기하라면 읽기, 말하기, 듣기, 쓰기이지만, 입시를 위한 수능 영어의 4영역을 말하라고 하면, 단어, 문법, 독해, 듣기가 됩니다. 영어라는 언어를 공부할 때는 쓰기와 말하기가 중요하지만, 입시 영어를 공부하다 보면 쓰기와 말하기는 뒷전이 되어 버립니다. 그러니, 쓰기와 말하기는 어릴 때 많이 훈련할 것을 추천합니다.

잠들어 있는 공부 능력을 깨워라

지금의 입시 영어체제가 언제까지 지속할지 모르지만, 전국 수십만 명의 학생을 일률적으로 평가하는 데 있어서 쓰기와 말하기까지 객관적으로 평가하는 것은 무리가 있어 보입니다. 교육부에서 NEAT라는 제도를 도입하여 학생들을 평가하려 했다가 이미 실패로 끝나버린 사례가 있지요.

라이팅과 스피킹을 미리 공부해 놓으면 좋은 것이 또 하나 있는데요, 학교 내신을 대비하기에 유리합니다. 요즘의 입시는 수시와 정시로 나뉘는데, 수시는 학생부를 많이 반영합니다. 학생부를 관리하는 데 있어서 기본 중의 기본이 내신 성적입니다. 내신 성적은 지필시험 뿐만 아니라 수행평가까지 합산하여 평가하게 되죠. 내신 영어의 경우, 중간고사, 기말고사의 지필 시험은 독해나 문법 문제가 주로 출제되지만, 수행평가에서는 듣기, 말하기, 쓰기 등이 주요 평가 영역이 됩니다. 따라서 어릴 때부터 스피킹과 라이팅을 연습한 친구들이 성적을 잘 받을 수밖에 없는 구조가 형성됩니다.

언어라는 것은 단기간에 실력이 향상되지 않는다는 특징이 있습니다. 모국어로 한국어를 사용하는 한국 학생들에게 영어라는 과목은 실력이 올라가는 속도는 느리지만, 몇 달간 사용하지 않을 때 실력이 떨어지는 속도는 2~3배 빠른, 정복하기 어려운 과목임이 틀림없습니다.

★ 다음의 질문에 자기 생각을 적으면서 수업 내용을 정리해 보세요.

_ 영어 수행평가 성적은 대체로 어떤 편인가요?

_____

_ 수행평가에서 주로 다루는 스피킹이나 라이팅을 위해 나는 어떤 준비를 하고 있나요?

_____

_ 수업을 통해 새롭게 알게 되었거나 느낀 점이 있나요?

_____

③ 입시는 독해와 문법이 좌우한다

앞서 말한 것처럼, 영어 공부의 4영역은 읽기, 말하기, 듣기, 쓰기이지만, 입시를 위한 영어의 4영역은 단어, 문법, 독해, 듣기입니다. 국가에서 영어 말하기, 쓰기 등도 평가의 대상으로 다루고자 노력했으나, NEAT시험 개발은 실패로 끝났고, 당분간은 현재의 시험체제가 유지될 것으로 예상됩니다. 다만, 앞으로 수능 영어에서는 90점 이상이면 1등급인 절대평가제를 실시하기 때문에, 어느 정도 수준에서 영어 문제가 출제될지는 오리무중입니다. 기업에서 영어 점수를 합격의 기준이 아닌, 최소한의 요건으로 활용하는 것처럼, 대학도 이런 움직임을 보이고 있습니다.

영어 절대평가 도입의 의미는 90점 이상 받는 학생들에게는 모두 동일한 기준을 적용하겠다는 뜻으로, 특정 대학을 지원할 수 있는 자격은 주어지되 당락에 결정적 영향을 미치지는 않게 됨을 뜻합니다.

기업 입사를 지원할 때 중요한 서류 중 하나인 토익 시험에서는 '대박달' '쪽박달'이라는 말이 있는데요, 본인의 토익 실력은 매달 비슷한 것 같은데, 시험 보는 달에 따라 어느 달은 시험 성적이 잘 나오고, 어느 달은 시험 성적이 잘 나오지 않은 것을 빗대어 생긴 신조어인데요. 토익이 그런 것처럼, 수능 영어 또한 어느 해는 대박해, 어느 해는 쪽박해가 될 것 같은 예감이 듭니다. 그러니, 조마조마하며 간신히 90점을 받으려고 하지 말고, 영어는 무조건 100점을 받는다는 자세로 임해야 1등급 받는 것이 수월해진다는 것을 조언 드립니다.

영어 1등급을 받기 위해 단어 암기는 기본적으로 완료되었다는 가정 하에, 입시 영어를 결정하는 것은 독해와 문법입니다. 수능 영어는 크게 보면, 듣기와 읽기인데, 듣기는 단어가 어느 정도 외워지고 꾸준히 연습하면, 정복이 가능한 영역으로 봐야 합니다.

그런데, 독해 문제는 문법이 베이스가 되어야 문장 구조 분석이 가능하고, 문법 문제 또한 문법에 대한 완벽한 지식이 있어야 풀 수 있습니다. 조금 더 세부적으로 들여다보면, 수능 영어 문제의 구성은 문법, 어휘, 독해인데요, 대부분 문제는 독해 영역에서 출제가 되나 표면적으로만 독해일 뿐이지, 글을 읽기 위해서는 단어 암기와 문법 공부가 필연적으로 따라야 합니다. 영어를 모국어로 사용하지 않는 이상, 영어 지문을 해석하기 위해 일정 수준 이상의 문법 지식을 가지고 있어야 한다는 결론에 도달하게 되는 거지요. 문법 공부는 1번으로 끝나는 공부가 아니라는 것을 명심해야 합니다. 문법은 가급적 방학마다 꾸준하게 공부하는 것이 좋겠습니다.

독해는 고득점을 하는데, 듣기가 힘든 학생이 있다면, 단어 암기에서 문제점을 찾아야 합니다. 암기한 단어의 양이 적다는 뜻이 아닙니다. 암기한 단어의 발음을 정확히 알고 있는지를 체크해야 합니다. 발음기호대로 단어를 외웠을 때, 영어 듣기 평가에 대한 대비가 훨씬 수월해집니다. 발음을 외울 때는 두 가지에 주의해야 하는데요. 하나는 발음기호에 주목하는 것이고, 다른 하나는 강세에 주목하는 것입니다. 발음대로 단어를 암기하는 습관을 만드는 것만으로도 영어 듣기에서 상당한 효과를 볼 수 있을 것입니다.

 오늘의 코칭 질문

★ 다음의 질문에 자기 생각을 적으면서 수업 내용을 정리해 보세요.

_ 나는 단어를 암기할 때 발음에 주의하면서 외우고 있었나요?

_____

_ 그동안 영어 문법 공부는 몇 번을 진행했나요? 나는 충분히 많은 영어 교재리스트

　를 확보하고 있나요?

_____

_ 수업을 통해 새롭게 알게 되었거나 느낀 점이 있나요?

_____

6교시

l

우아한 백조의 물속 다리를 본 적이 있나요?

학습 동기를 점검한다는 것은 쉽지 않은 일입니다.

그러나 공부에 대한 당위성을 찾는 것.

좌절하지 않고 꾸준히 공부에 임할 수 있는
그 무언가를 찾아낸다면

학습 동기가 떨어졌을 때.
나를 지탱해 줄 수 있는 한마디 말이라도
건질 수 있다면

6교시는 성공한 수업이 될 것입니다.

6교시

 공자님 말씀 – 인생을 즐겨라

知之者 不如好之者 好之者 不如樂之者
지지자 불여호지자 호지자 불여락지자

　예수님, 부처님, 소크라테스와 더불어 세계 4대 성인(聖人)이라 불리는 공자님의 말씀 중에 '知之者 不如好之者 好之者 不如樂之者(지지자 불여호지자 호지자 불여락지자)'라는 말이 있습니다. 문장을 보면, '지지자' '호지자' '락지자' 이렇게 세 명의 인물이 등장하는데, '지지자'는 아는 사람이라는 뜻이고, '호지자'는 좋아하는 사람, '락지자'는 즐기는 사람이라는 뜻인데요. 종합하여 풀이해 보면, '아는 사람은 좋아하는 사람만 못하고, 좋아하는 사람은 즐기는 사람만 못 하다'라는 뜻이 됩니다. 인생 대부분을 공부가 차지하는 우리에게 인생은 공부와 떼어놓고 설명할 수 없을 것입니다.

시험 기간이 되면, 많이 아는 척하며 떠드는 친구가 꼭 있는 법인데요. 예부터 무림의 고수는 말이 없는 법입니다. 조용히 그 과목을 좋아하면서 즐기는 학생이 분명히 존재합니다. 시험 결과를 보면, 별로 주목받지 못했던 그 친구가 그 과목의 100점을 받았다는 사실에 놀라기도 하는데요. 너무 놀랄 필요는 없습니다. 여러분도 곰곰이 생각을 해보면, 한 과목 정도는 재밌게 즐기면서 공부하는 과목이 분명 있을 것이기 때문입니다. 주위를 보면, 공부를 즐기는 학생도 있고, 공부가 하기 싫은데 억지로 하는 학생도 있지만, 공부가 싫은데도 억지로 하는 학생이 공부를 즐기며 하는 학생을 따라잡을 수 없다는 사실에 모두 공감하리라 생각합니다.

엄마의 스케줄에 의해 수동적으로 움직이는 학원 키즈들 입장에서는 공자님의 말씀이 이해할 수 없는 문장일 수도 있겠습니다. 애초에 공부는 억지로 하는 것이며 재미가 없는 것인데, 어떻게 공부를 재밌게 하라는 말인지 생각할 수도 있겠죠. 학원 키즈라고 해서 성적이 낮은 것은 아니지만, 재미없는 공부를 매일같이 한다고 생각하면 마음이 참 아플 따름입니다.

부모님들도 걱정이 많을 것입니다. 이것저것 학원이나 과외는 많이 보내는데 아이는 공부에 그다지 흥미가 없으니, 나를 닮아 공부를 안 하는 것인가 자책을 하기도 하죠. 게임이나 운동은 시키지 않아도 알아서 잘하는 데, 어찌 공부는 스스로 하지 않는지.

자신의 성적이 낮다면 우선 공부를 좋아하는지 싫어하는지부터 판단해 볼 문제입니다. 공부를 재밌고 즐겁게 하는 아이들은 어디에서 공부의 재미를 찾는 것일까요? 계속해서 공부도 게임처럼 즐길 수 있는 비법이 있는지 알아보도록 하겠습니다.

 오늘의 코칭 질문

★ **다음의 질문에 자기 생각을 적으면서 수업 내용을 정리해 보세요.**

_ 나는 공부를 즐기고 있나요? 공부가 재미없다면 어떤 이유로 재미가 없나요?

_____

_ 여러 과목 중 특별히 좋아하고 재미있는 과목은 무엇인가요? 재미있는 이유는 무엇

인가요?

_____

_ 수업을 통해 새롭게 알게 되었거나 느낀 점이 있나요?

_____

✐ 공부도 게임처럼 할 수 있을까요?

공부를 게임처럼 즐길 수 있는 비법을 안다면, 공부를 제법 수월하게 할 수 있을 것 같은데요. 어떤 점에서 공부는 게임처럼 재미가 있고 즐길 수 있을까요? 게임이나 축구, 농구 등의 운동은 재미가 있습니다. 재미가 있으니, 누군가가 억지로 하라고 시키지 않아도 우리는 자발적으로 합니다. 게임이 제공하는 재미의 심리적 요소는 무엇일까요? 무엇보다도 즉각적인 보상, 즉 빠른 결과가 나오는 것인데요. 게임의 재미를 생각해 보면, 게임은 짧으면 몇 분, 길어도 몇십 분 안에 결과가 나옵니다. 운동 또한 마찬가지죠. 축구는 전후반 90분, 야구는 2~3시간, 농구도 15분 4쿼터가 끝나면 결과가 나옵니다. 노력에 대한 결과를 즉각적으로 알 수 있다는 것은 게임의 재미를 높여주는 중요한 요소입니다.

공부도 게임처럼 생각해 볼까요? 게임에서 만렙을 달성하기 위해 여러 스테이지를 넘겨야 하듯, 중간고사에서 원하는 성적을 받기 위해서는 하루하루 달성해야 할 스테이지가 있습니다. 게임에서 달성하고자 하는 레벨처럼, 영어에서 달성해야 할 목표가 영어시험 100점이라면, 게임에서 스테이지를 넘어가듯, 영어에서는 단어 암기라는 스테이지 1을 넘기고, 독해라는 스테이지 2를 넘어가야 합니다. 독해 스테이지를 마스터하고 나면 게임이 끝날 줄 알았는데, 어떤 스테이지가 기다리고 있나요? 영작이라는 몬스터가 등장합니다. 영작을 위해서는 그 단원의 문법이라는 아이템을 장

착해야 클리어(clear)가 가능해집니다. 이렇듯 시험공부도 게임처럼 상상할 수 있다면, 게임과 다름없는 재미를 선사할 것입니다.

사실 공부는 일반 게임과는 비교가 되지 않을 정도로 기간이 길고 다양한 전략이 필요합니다. 투지나 끈기, 성실성 등 신체나 정신적인 요소도 상당히 중요합니다. 공부야말로 진짜 재미있는 게임이 될 수도 있습니다. 게임에서 스테이지를 넘기듯 공부의 스테이지를 만들고 하나씩 넘어가면, 공부에서도 만렙의 경지에 오르게 될 텐데요.

공부에서의 만렙은 무엇을 의미할까요? 공부에서 만렙은 곧 시험에서 100점을 뜻합니다. 점수가 강요되고 점수를 잘 받지 못하면 혼이 나고, 혼이 난 후 억지로 공부하면서 왜 공부를 해야 하는지 고민하게 되고, 그러다 보면 반항하고 포기하는 악순환이 연속되는 불행하고 재미없는 공부가 아니라, 우리는 약간의 생각 전환을 통해서 공부를 게임처럼 재미있고 다이나믹한 것으로 만들어갈 수도 있는 것입니다.

과목을 하나 생각하고 목표 점수를 정해봅시다. 목표 점수 달성을 위해 게임처럼 넘겨야 할 스테이지에는 무엇이 있을까요?

과목		목표 점수	
STAGE 1		선물	
STAGE 2		선물	
STAGE 3		선물	

※ 스테이지 별 선물은 부모님과 상의해서 만들어 봅시다. 선물이 실행력을 높여줄 거예요!

게임에서 레벨 업이 되었다고 해서 부모님이 알아주지 않습니다. 그러나 수학을 100점 받았다면, 다음 시험까지 적어도 2달간은 수학 100점 받은 학생으로 엄마, 친구, 선생님으로부터 인정을 받게 됩니다. 이것이 게임과는 비교할 수 없는 공부를 하는 이유, 공부가 주는 재미 아닐까요?

오늘의 코칭 질문

★ 다음의 질문에 자기 생각을 적으면서 수업 내용을 정리해 보세요.

_ 나는 공부를 재미를 느껴본 적이 있나요? 어떤 과목에서 재미나 성취감을 느껴봤나요?

_____

_ 게임처럼 스테이지를 만들고 도전해 볼 만한 과목을 생각해 본다면, 어떤 과목이 있을까요?

_____

_ 수업을 통해 새롭게 알게 되었거나 느낀 점이 있나요?

_____

✏️ 공부와 스포츠 활동의 공통점은 무엇일까요?

학교에서 체육대회를 합니다. 우리 반과 다른 반의 축구예선전이 시작되었습니다. 다른 종목은 몰라도 축구만은 우리 반이 꼭 이겨야 한다는 승부의식이 작동하고, 승리에 대한 목적성이 부여될 수 있습니다.

공부도 마찬가지입니다. 자신의 내면에 숨어 있는 공부에 대한 승부의식을 자극해야 합니다. 친구를 라이벌로 생각할 수 있고, 나 자신이 가지고 있던 과거의 성적을 이겨야 할 상대로 선정할 수도 있습니다. 다른 과목은 몰라도 이 과목만은 꼭 점수를 잘 받아야 한다는 자신의 자존심과 같은 과목이 존재할 수도 있습니다.

한 번의 예선전 패배가 월드컵 본선 진출을 좌절시키는 것이 아니듯, 한 번의 중간고사 실패가 나의 입시를 좌우하지는 않습니다. 그러나, 우리는 다음 기말고사를 승리하기 위해 이번 중간고사에서 패배한 원인을 면밀하게 분석하여 다음 경기를 대비하는 마음가짐을 가져야 합니다. 히딩크 감독이 발전에 발전을 거듭하여 한국대표팀을 사상 처음으로 세계 4강에 올려놓은 것처럼, 여러분도 자신의 공부를 분석하고 보충하여 매 시험마다 조금씩 조금씩 발전하다 보면, 마침내 100점, 반 1등을 달성할 수 있습니다.

국가대표팀이 월드컵 본선 진출을 위해 2년 동안 예선을 치루듯, 우리는 대입을 위해 2년 반이라는 고등학교 생활을 합니다. 짧은 시간 안에 승부가 가려지지 않기에 경기에 대한 준비, 결과에 대한 예측, 결과에 따른 후속대책 등이 흥미롭습니다. 단시간에 성취한 결과나 기쁨은 금방 사라지지만 긴 시간에 걸쳐 여러 번의 예선전을 치르며 달성한 월드컵 본선 진출이라는 결과는 긴 여운을 남깁니다. 그동안 게임이나 운동은 즐거운 것이고 공부는 지루한 것으로 생각했다면, 앞으로 공부도 월드컵이나 올림픽에 출전하는 선수들의 마음처럼 생각해 보는 건 어떨까요?

공부도 운동처럼 시험을 통해 금, 은, 동메달이 가려지고, 라이벌을 선정하여 꼭 이겨보겠다는 마음을 가져 볼 수도 있습니다. 공부를 제대로만 한다면, 박태환, 김연아 선수에게 국민적 관심, 명예, 상금, 연금, 광고 등 보상이 주어지듯, 여러분에게는 스스로에 대한 뿌듯함과 자신감, 성공에 대한 성취, 부모님의 인정과 격려, 대학이라는 보상이 주어집니다. 2002년 월드컵 당시 한국 축구팀을 세계 4강으로 올려놓았던 히딩크 감독처럼, 여러분의 공부를 위기에서 건져낼 감독이 되어 자신의 공부를 코치해 봅시다.

여러분은 위기에 처한 공부를 구해야 할 감독입니다. 어떤 전술을 구사할 생각인가요?

공부 목표	
공부 전술 1	
공부 전술 2	
공부 전술 3	

오늘의 코칭 질문

★ 다음의 질문에 자기 생각을 적으면서 수업 내용을 정리해 보세요.

_ 나의 공부는 현재 위기인가요? 위기라면 어떤 점에서 위기인가요?

_____

_ 스스로 생각해 본 공부 전술 1~3을 실천하기 위해 어떤 다짐이 필요할까요?

_____

_ 수업을 통해 새롭게 알게 되었거나 느낀 점이 있나요?

_____

'공부도 때가 있다'라는 말의 의미는 무엇일까요?

그냥 공부가 하기 싫다는 학생들이 있는데요. 학생인 지금 공부가 하기 싫다면, 무엇을 하며 살고 싶은가요? 주위를 둘러보면 학생인 나이에 공부 말고 할 만한 것은 딱히 많이 존재하지 않는다는 사실을 알 수 있습니다. 어른이 되어서 후회하고 공부를 하게 되면 몸은 2배로 고생을 하게 됩니다. 어른이 되어 공부하겠다고 했을 때 말릴 사람은 없지만, 당장 먹고 사는 문제, 의식주는 누가 해결해 줄까요? 어른이 되어 공부하게 되면 스스로 의식주를 해결하면서 공부까지 덤으로 해야 합니다. 그러니, 국가 혹은 부모가 뒷받침해줄 때 공부를 미리 해두는 것이 좋겠지요. 대한민국은 세계에서 손꼽히는 교육 선진국입니다. 우리나라는 의무교육 시스템도 잘 갖추어져 있습니다.

우리나라 교육환경이 비교적 잘 갖추어져 있음에도 불구하고, 공부 안 하고 놀고 싶다는 학생들이 있는데요. 학생 때 놀아봐야 얼마나 재밌게 놀 수 있을까요? 돈도 없고 미성년자인 학생들이 성인인 어른들보다 자유롭게 놀 수 있을까요? 설사 학생 때 1~2년을 신나게 논다고 해도, 어른이 된 후에는 무얼 하며 살 건가요?

앞으로의 세상을 100세 시대라고 합니다. 극단적으로 말하면, 중고등학교 시절 2~3년을 신나게 놀고 80년을 힘들게 보낼지, 중고등학교 시절 열심히 공부해서 80년을 행복하게 보낼지에 대한 결심이 필요한 문제라는 것이죠. 중고등학교 때 열심히 공부했다고

해서 미래가 밝은 것도, 신나게 놀았다고 해서 미래가 어두운 것
도 아니지만, 우리는 항상 가능성을 염두에 두어야 합니다. 공부
를 열심히 한 아이들에게 대학입학 혹은 취업의 길이 열리고, 더
많은 기회가 주어질 것이라는 가능성을 항상 생각했으면 합니다.

공부를 열심히 한다고 해서 인생이 꼭 행복하다는 보장은 없습
니다. 그러나, 공부가 성공의 밑거름이 되는 것만은 확실합니다. 4
교시 수업을 충실히 들었다면, 아마 지금쯤 공부를 하기 싫다고
생각하는 학생은 없을 겁니다. 제가 괜한 걱정을 하는 것이겠죠?
여러분의 진로를 위해, 꿈을 이루기 위해 열심히 노력하길 당부
또 당부합니다!

 오늘의 코칭 질문

★ **다음의 질문에 자기 생각을 적으면서 수업 내용을 정리해 보세요.**

_ '공부도 때가 있다'라는 말의 의미는 무엇인가요?

_____

_ 나는 대학에 가서 어떤 전공을 공부하고 싶은가요? 그러기 위해 나는 지금 어떤 공

부를 해야 하나요?

_____

_ 수업을 통해 새롭게 알게 되었거나 느낀 점이 있나요?

_____

📝 세상이 요구하는 성실한 사람과 공부는 어떤 관계가 있을까요?

공부에서 한발 뒤로 물러나 앞으로 우리가 살아갈 세상에 대하여 생각해 볼까요? 우리가 고등학교를 졸업했다고 해서, 혹은 대학을 졸업했다고 해서 기업이 우리를 무조건 뽑아 가지는 않을 텐데요. 같은 전공에 비슷한 지식수준을 갖춘 여러 명의 지원자 중 기업은 어떤 인재를 선호할까요? 자, 10년 후를 상상해 봅시다. 사회는 어떤 인재를 원하고 나는 어떤 인재가 되어 있을까요? 막연히 대학을 졸업하면 취업은 술술 될 거로 생각했다면 오산이겠죠? 사회는 그리 호락호락하지 않습니다.

아리스토텔레스가 '인간은 사회적 동물이다'라고 말한 것처럼, 중고등학교 공부든 대학 공부든 결국은 사회구성원으로서, 사회적 동물로 살아가기 위해 무언가를 배우는 과정이 될 겁니다. 그렇게 배운 학문이나 지식, 기술을 바탕으로 사회에서 우리는 한 가지 업무를 담당하게 되는데, 그것이 곧 나의 직업이 됩니다.

그렇다면, 기업은 어떤 사람을 뽑고 싶어 할까요? 취업포털 잡코리아(www.jobkorea.co.kr)가 직장인 343명을 대상으로 '뽑고 싶은 신입사원 유형'에 관해 설문 조사를 한 결과가 있는데요, 직장인들의 10명 중 7명은 '성실하고 책임감 있는 사람'(77%)을 가장 뽑고 싶어 하는 것으로 나타났습니다. 여러분은 성실하고 책임감이 있는 사람인가요? 그렇다면, 취업은 문제가 없겠습니다.

직장인들이 엄청나게 강조하는 성실성. 어떤 것들이 우리의 성실성을 대변해 줄까요? 성실성을 보여주는 첫 번째 카드는 바로 출결입니다. 초등학교 6년 개근, 중학교 3년 개근, 고등학교 3년 개근이면 적어도 어느 정도의 성실성은 보여줄 수 있을 것입니다. 개근상 외에 무엇이 여러분의 성실성을 보여줄 수 있을까요?

우리는 우리가 가장 많은 시간을 쏟고 있는 것, 그것으로부터 우리의 성실성을 찾아내어야 합니다. 일과 중 잠자는 시간을 제외하면, 우리는 학교에서 가장 오래 머물러 있고, 공부하는데 가장 많은 시간을 소비합니다. 우리는 이 공부를 통해서 우리의 성실성을 증명해야 합니다.

그렇다면 어떻게 공부를 통해서 성실성을 증명할까요? 우리의 성실성은 과목별 점수나 등급으로 결과가 보이게 되고, 그 결과는 학생부를 통해서 고스란히 대학에 전달됩니다. 대학은 그런 성적을 보고 우리의 학업 충실도, 성실도를 어느 정도 판단을 하게 되죠. 설사 1학년 때 공부를 잘하지 못했더라도 3학년 때까지 성적이 꾸준히 올라갔다면, 그 또한 성실성을 보여주는 중요한 지표가 됩니다.

우리가 전 과목을 다 잘하면 좋겠지만, 학생마다 과목에 대한 흥미나 실력은 차이가 있을 수 있습니다. 대학은 전 과목을 다 잘하는 학생도 선호하지만, 몇 과목에서 특출난 실력을 가지고 있는 학생도 선호합니다. 스스로 어떤 과목에 흥미가 있는지 분석하고 판단한 후 적어도 1~2과목에서는 1~2등급을 받도록 열심히 공부하는 것이 학업에 대한 성실도를 보여주는 척도가 될 수 있습니다.

상위권 대학들이 왜 공부 잘하는 학생을 선호하는지 어느 정도의 의문은 풀렸을 것으로 생각합니다. 여러분은 여러분의 성실성을 무슨 과목이나 활동을 통해 보여줄 것인가요? 우리가 학교 다닐 때 공부를 '열심히' 그리고 '잘' 해야 하는 이유가 어느 정도는 이해되었기를 바랍니다.

 오늘의 코칭 질문

★ 다음의 질문에 자기 생각을 적으면서 수업 내용을 정리해 보세요.

_ 세상이 성실한 사람을 요구하는 이유는 무엇일까요?

_____

_ 학생인 나는 나의 성실함을 무엇으로 증명할 것인가요?

_____

_ 수업을 통해 새롭게 알게 되었거나 느낀 점이 있나요?

_____

📝 공부는 성적 이상의 의미를 담고 있다?

그렇다면 상위권 대학에 가지 못했을 경우, 사회에 나와서도 우리는 별 희망이 없는 것인가에 대해서 의문을 가지게 됩니다. 결론적으로는 그렇지는 않습니다. 상위권 대학을 졸업했다는 것은 여러분이 고등학교 때 어느 정도 성실했다는 것을 증명해주는 하나의 방편이 되는 건 사실이지만, 고등학교 때 성실했다고 해서 대학교에서도 성실했다는 보장은 없습니다. 따라서 기업은 대학교 때의 학점을 중요하게 생각합니다. 혹시라도 고등학교 때 성적이 좋지 않아 대학을 만족스럽지 못한 곳에 가더라도 대학 생활을 성실히 해서 높은 학점을 받으면 취업을 하는데 여러모로 유리하니 지금 당장 중/고등학교 성적이 좋지 않더라도 힘을 내기 바랍니다.

우리가 대기만성[3]이라는 표현을 쓰는데요, 대학을 만족스럽게 가지 못하더라도 대학에 가서 높은 학점, 공모전 수상, 기업 인턴 등의 다양한 경력을 쌓으면 기업은 다각도로 검토해서 신입사원을 뽑게 됩니다. 그러니 명문대학을 가는 것도 중요한 목표가 될 수 있지만, 궁극적으로는 어느 대학을 가든 대학에 가서 열심히, 성실히 노력하는 자세가 중요함을 잊지 말아야 합니다.

요약하면 대략 다음과 같습니다. 일단 고등학교 생활을 성실히 해서 좋은 대학을 가는 것이 사회생활을 하는 데 있어 유리합니

---

3 대기만성(大器晩成) : 큰 그릇은 늦게 이루어진다는 뜻

다. 그러기 위해서 우선은 고등학교 생활을 성실히 해야 하는데, 고등학교 생활을 성실히 한다는 것은 첫째 출석을 잘해야 하고, 둘째 교과 성적을 잘 받기 위해 노력해야 하며, 셋째 동아리 참여도 활발히 하고 독서도 열심히 하면서 가능하다면 회장, 부회장 등 리더십 활동도 해 보는 것입니다. 이런 것들이 나의 성실성을 대변해 주고, 대학도 나를 인정해 주는 지표들이 됩니다. 모든 과목에서 높은 성적을 받는 것이 힘들다면, 특정 과목이나 분야에서 두각을 나타내는 것이 좋습니다. 다른 과목은 몰라도 이 과목만큼은 내가 자신 있고 내가 제일 잘할 수 있는, 내 적성에 맞는 과목이라는 것을 보여주기 위해서 파고들어야 합니다. 다른 과목의 등급이 좀 뒤처지더라도 특출나게 잘하는 과목이 있으면, 그 정신을 높게 평가하여 대학에서도 여러분을 뽑아주게 되고요. 대학 가서도 그 전공의 최고가 되겠다는 의지로 열심히 공부하다 보면 기업에서도 나를 뽑아주는 선순환의 법칙이 여러분에게 일어날 수 있습니다. 어떤가요? 공부해서 좋은 점은 생각보다 많답니다.

오늘의 코칭 질문

★ 다음의 질문에 자기 생각을 적으면서 수업 내용을 정리해 보세요.

_ 학교생활을 통해서 나의 성실함을 보여줬던 경험이 있나요?

_____

_ 공부 외에 나는 나의 성실함을 어떤 것을 통해 보여줄 수 있나요?

_____

_ 수업을 통해 새롭게 알게 되었거나 느낀 점이 있나요?

_____

🖋️ 누구나 누릴 수 있는 교육이 옛날에는 상류층의 특권이었다?

소크라테스, 플라톤, 아리스토텔레스. 우리가 한 번쯤 들어봤을 법한 그리스 철학자들인데요. 본디 공부는 상류계급의 전유물이었다는 사실을 알고 있나요? 고대 그리스에서는 정치가나 행정가를 길러내기 위한 교육제도를 확립하여 특별히 선택된 사람들에게만 교육을 제공했습니다. 교육을 많이 받은 사람은 선택받은 사람이요, 나라를 이끌어갈 지도자였던 것이죠. 여러분이 고대 그리스의 시민이었다고 상상해 봅시다. 여러분은 학교에 와서 교육을 받으라고 제안을 받았다면, 학교에 가서 교육을 받을 건가요, 받지 않을 건가요?

시골에서 학교를 다녔던 할아버지, 할머니가 옛날에는 몇십 리(1리=0.4㎞), 몇 시간을 걸어 학교에 다녔다고 말하는 것을 들어 본 적이 있습니다. 당시에는 공부하고 싶어도 집안이 넉넉하지 않으면 공부하기가 쉽지 않았습니다. 지금의 우리가 상상하기 힘들 정도로 먹을 것이 부족하여 농사짓기에 바빴죠. 공부하고 싶어도 아이들은 모내기며 밭 갈기며 모두 농사를 거들어야 했습니다. 그 바쁜 와중에 아이들 공부시킬 여력이 있었을까요? 결정적으로 학교에 보낼 돈이 없었습니다. 학교에 내야 할 등록금이 없어서 자녀를 학교에 보내고 싶어도 보낼 수 없는 형편이었던 것이죠. 아이들은 왜 그렇게 학교를 가고 싶어 했을까요?

공부를 최고의 놀이라고 말하는 사람도 있습니다. 본래 새로운 것을 알게 되는 것은 그 재미와 가치가 큽니다. 앎의 즐거움. 누군가에게는 공부라는 것이 어떻게 보면 더없이 재미있는 놀이입니다.

요즘은 본인이 마음만 먹으면 공부를 할 수 있는 환경입니다. 경제학의 관점에서 이야기하자면, 애초에 공부라는 것은 귀족이 향유하는 사치재였으나, 이제는 모든 사람이 선택에 의해서 향유할 수 있는 필수재가 된 것입니다. 성공하고 싶은가요? 그렇다면 공부를 해야 합니다. 공부한다고 꼭 성공하는 것은 아니지만, 공부를 안 한 사람이 성공하는 일은 거의 없습니다. 우리는 자유롭게 공부를 할 수 있는 환경에 태어났음에도 오히려 풍족함이 공부를 방해하고 있는 것은 아닌지 생각해 볼 필요가 있습니다. 스스로 자신을 가꾸고 성장시키는 일. 공부만큼 확실한 방법은 없을 것입니다.

오늘의 코칭 질문

★ 다음의 질문에 자기 생각을 적으면서 수업 내용을 정리해 보세요.

_ 옛날에는 왜 선택받은 사람만 교육을 받았을까요?

_____

_ 교육 환경이 좋아진 요즘에는 왜 교육을 받기 싫어하는 학생이 늘어나고 있을까요?

_____

_ 수업을 통해 새롭게 알게 되었거나 느낀 점이 있나요?

_____

✏️ 공부는 평생 하는 것임을 알고 있나요?

'공부는 평생 하는 거다'라는 말을 들으면, 숨이 턱 막히나요? 아니면 뭔가 깨달음이 오나요? 흔히 공부는 고3 때까지만 할 것이며 대학 가서는 실컷 놀면서 자유롭게 살 거라 다짐하는 학생들이 있는데요. 그런 생각을 하는 학생들에게 'Bad news(나쁜 소식)'가 있다면, 우리는 대학에 가서 더 많은 공부를 한다는 것입니다!

공부는 10대 때만 하는지 알았고, 고등학교 3년이 가장 힘든 시기라고 생각했는데 대학에서는 더 많은 공부를 한다니. 도대체 무슨 말일까요?

마음을 진정하고 한번 생각을 해봅시다. 대학에 입학하고 나면, 비로소 우리는 하고 싶은 공부를 하게 됩니다. 예를 들어 의대생을 생각해 볼까요? 의대생들은 예과, 본과, 인턴, 레지던트 등 20대의 10년을 공부하면서 보내게 됩니다. 의학전문대학원, 약학대학, 로스쿨, MBA와 같은 과정에 진학하는 학생들도 20대 대부분을 공부로 보내게 됩니다. 왜냐면요, 전문대학원은 최소한 대학 4년을 졸업해야 지원을 할 수 있기 때문입니다. 약학대학의 경우, 대학원은 아니지만 학부 2년을 마친 후 시험을 볼 수 있고 합격을 하면 다시 4년을 다녀야 합니다.

꼭 전문대학원에 진학하지 않더라도 대부분 20대는 공부를 하면서 보냅니다. 대학에 입학하면 학과 공부만 기다리고 있을까요? 대학을 가면 자신이 전공하는 학과 공부는 당연히 열심히 해야 하고요. 취업을 위해 영어는 기본인 세상이니 토익, 토플 등 영어 공부를 더불어 해야 합니다. SSAT(삼성직무적성검사), HMAT(현대자동차그룹직무적성검사)라고 들어봤나요? 삼성이나 현대 등 대기업 취업을 하려면 각 기업이 진행하는 적성검사를 준비해야 합니다.

대학을 가면 펑펑 놀면서 살 줄 알았는데, 대학 가서도 학과 공부에, 영어 공부에, 취업 준비에 쉴 틈 없이 공부해야 한다는 말을 들으니 머리가 터질 것 같은가요? 20대를 열심히 공부하면서 보내면, 취업도 하고 안정적인 직장생활을 하며 행복하게 살 줄 알았는데, 회사에 취업하면 또다시 각종 시험이 기다리고 있습니다.

대기업 입사자 4명 중 1명은 1년 내 그만둔다는 뉴스가 있는데, 퇴사한 사람들은 무얼 할까요? 재취업이나 진로 변경을 위해 다시 공부합니다. 주변을 둘러보면, 서울대 원자핵공학과를 졸업한 M군은 로스쿨을 졸업한 후 변호사가 되었고요, 심리학과를 나온 K군은 치과전문대학원으로 진학했으며, 또 다른 K군은 영문과를 나왔는데 의학전문대학원에 입학했습니다. 10~20대에 진로를 명확히 찾았으면 좋았겠지만 현실은 그렇지 않기에 30대가 되어서도 공부는 계속하게 되는 것이죠.

사람의 욕구나 욕망은 계속 바뀔 수 있습니다. 인간 본연의 욕구인 성장의 욕구나 자아실현의 욕구를 실현하고자 부단히 노력하는 사람들을 주위에서 쉽게 볼 수 있지요. 일문과를 나온 Y씨는 '쇼콜라티에'라는 직업을 위해 30살이 넘은 나이에 유럽으로 유학을 떠났습니다.

40~50대가 되면 공부를 안 할 것 같은데, 직장에서 은퇴할 나

이가 되면 은퇴자 교육이라는 것을 합니다. 현재 직장에서 퇴직한 후, 다른 곳으로 재취업하거나 창업할 것을 염두에 둔 교육입니다. 10~20년 동안의 직장생활을 그만두고 새롭게 사업을 시작하는 사람도 있죠. 새롭게 시작하는 사업이 제대로 운영되려면 그 분야에 대해서 또 열심히 공부해야겠지요? 오죽하면『40대 진짜 공부를 다시 시작할 것이다』『은퇴자 공부법』『선비들의 평생 공부법』등의 책들이 출간되었을까요?

하루 세 끼 밥을 먹듯 공부는 평생 하는 것임을 잊지 맙시다. 지금부터라도 공부에 대한 새로운 마음가짐을 가져 봅시다. 공부는 삶의 필수품이요 일부분입니다. 중고등학교 시절만 공부를 안 하면 더 이상 공부를 안 하고 살겠지라는 생각을 애초에 버리는 것이 마음을 편하게 해줄 것입니다. 생각을 바꾸어서 공부를 평생 해야 한다면, 여러분은 어떤 분야의 공부를 평생 하며 살고 싶은가요? 공부에서 벗어나려 하지 말고 공부를 삶의 필수품으로 여기고 어떻게 하면 효율적으로 잘할 수 있을지를 고민하는 것이 삶을 풍요롭게 하는 지름길입니다.

★ 다음의 질문에 자기 생각을 적으면서 수업 내용을 정리해 보세요.

_ 나는 어른이 되어서 어떤 분야의 공부를 평생 하며 살 것인가요? (평생 공부할 분야

가 곧 직업이겠죠?)

_____

_ 직업 외에도 계속해서 하고 싶은 공부 분야가 있나요? 어떤 분야를 추가로 공부하

고 싶나요?

_____

_ 수업을 통해 새롭게 알게 되었거나 느낀 점이 있나요?

_____

🗒️✎ 혹시 내가 보여주기 식의 공부를 하는 건 아닐까요?

설날이나 추석 같은 민족 고유의 명절이 있습니다. 설이나 추석에 우리는 무엇을 하나요? 세배하고 차례를 지내지요. 요즘은 세상이 많이 변하여 국내나 해외로 여행 가는 가족들도 많이 생겨나고 있습니다.

설날 아침, 우리가 제일 먼저 하는 것이 조상님께 감사한 마음을 전하기 위한 차례를 지내는 건데요, 간혹 어른들이 이 차례상에 올려진 음식을 가지고 맞네, 틀리네 하며 가족들 간 언쟁을 하는 경우가 있습니다.

매니저의 집만 보더라도 충남이 고향인 친가 쪽 제사음식과 부산이 고향인 외가 쪽 제사음식이 다른데요. 한번은 차례상에 올려진 생선을 가지고 삼촌들 간에 논쟁이 있었던 적이 있습니다. 생선 이름은 잘 기억나지 않지만, 어떤 종류의 생선을 차례상에 올리는 게 맞는지를 두고 작은 언쟁이 있었던 것이지요.

차례상에 올려지는 음식의 종류나 품질이 물론 중요합니다. 그런데, 음식이라는 형식적인 부분하고, 조상님께 감사하는 마음을 가지고 차례상을 준비하는 정신적인 부분 중 과연 어느 것이 더 중요할까요? 물론 감사한 마음으로 음식도 정성스럽게 준비하면 제일 좋겠지만, 조상님께 감사한 마음 없이 형식적이지만 화려하게 차려진 제사상과 음식이 조금 모자라고 잘못되었더라도 감사한 마음으로 차린 제사상 중 조상님은 과연 어떤 제사상을 더 받아보고 싶어 하실까요?

　요즘의 결혼식도 마찬가지인데요, 사랑하는 사람 두 명이 하나 됨을 축하하기 위해 친구, 친척 모두 모여 축하해주고 함께 식사하는 것이 결혼이지만, 예식장을 빌리는데 몇천만 원, 예식장에서 하루 사용하는 꽃장식만 몇천만 원, 식사는 1인당 10만 원 등 한 번의 결혼식에 1억 이상의 비용이 들기도 한다는 뉴스를 접하게 됩니다. 과다한 결혼식 비용이 결혼을 준비하는 예비부부들이나 부모님들에게 부담된다고 하여, 오죽하면 조촐한 결혼식을 올리자고 신문사들이 캠페인을 벌이기도 합니다. 이렇듯 형식이 목적을 압도하는 세상. 우리 공부도 이런 세상에 놓여 있는 건 아닌지, 공부의 목적을 생각하지 않고 공부를 위한 공부, 즉 공부하는 시간은 많을 뿐, 책상에 앉아서 멍하니 딴생각하는 건 아닌지, 점수나 등수에만 몰입하고 있는 것은 아닌지 반성이 필요한 시점이라 생각합니다. 여러분은 무엇을 위해 공부를 하고 있나요? 혹시 점수나 등수에만 집착하여 공부하는 이유를 잊고 있진 않나요?

**오늘의
코칭 질문**

★ 다음의 질문에 자기 생각을 적으면서 수업 내용을 정리해 보세요.

_ 나는 무엇을 위해 공부를 하고 있나요?

_____

_ 나는 나의 부모님과 공부의 목적에 대해서 대화를 나눠 본 적이 있나요?

_____

_ 수업을 통해 새롭게 알게 되었거나 느낀 점이 있나요?

_____

✏️ 공부를 위한 공부에서 벗어나기 위해 우리는 무엇을 해야 할까요?

공부를 위한 공부. 보여주기 식의 공부. 이런 공부에서 우리는 확실히 벗어날 필요가 있습니다. 종일 책상에 앉아 있다고 해서 모든 시간이 공부가 되는 것도 아니지요. 공부는 싫지만 책상에 앉아 있기를 강요하는 부모님에 의해 책상 지킴이가 된 우리들. 우리 아이는 성실한데 성적이 안 나와서 안타깝다 하시는 부모님들. 목적이 상실된 공부는 아픔만 증가시킬 뿐 성과를 보일 수 없습니다.

적당히 운동도 하고, 취미 생활도 하며 공부하는 것이 오히려 두뇌 회전에 도움이 된다는 여러 가지 연구들이 있습니다. 명문대 진학실적이 뛰어난 것으로 유명한 하나고는 1인 2기라는 제도를 운영하고 있는데요, 재학생들은 축구, 농구, 배드민턴, 탁구, 복싱, 수영, 검도, 필라테스 등 1가지 운동은 꼭 일정 수준 이상으로 달성해야 하고, 가야금, 첼로, 피아노, 그래픽디자인, 동/서양화, 서예, 사진 등 음악·미술 분야에서도 1가지를 선택하여 인증시험을 통과해야 합니다. 명문대학 입학을 위해 공부만 하기에도 시간이 모자랄 것 같지만, 오히려 다양한 활동을 함으로써 심신이 함께 단련되는 것입니다.

그러니, 이제 공부를 위한 공부에서 벗어나 봅시다. 공부도 대학도 모두 우리를 발전시키기 위해 존재하는 것이지 그 자체가 목적이 되어 우리를 행복하게 해주지는 않습니다. 좋은 대학에 들어가면 잠시 좋을 순 있지만, 그다음에 무엇이 보장될까요? 대학 졸업장 하나 있다고 해서 그 이상의 무엇이 보장되는 것은 아닙니다.

공부를 위한 공부에서 벗어나기 위해서 첫째, 우리 스스로가 공부를 위한 공부에서 벗어나겠다는 의지를 가져야 합니다. 둘째, 결심이 섰다면 부모님과 대화를 나누고 합의를 해야 합니다. 부모님이 바라는 목표와 학생의 목표가 어떻게 다른지 이야기를 나누고 기대 수준이 좁혀져야 학생들이 부담 없는 공부, 목적이 있는 공부를 할 수 있습니다. 마지막으로 공부 외에는 무엇을 어떻게 계발할지 고민하고 생각해야 합니다. 공부와 운동, 공부와 취미, 공부와 휴식 등이 함께 어우러질 때, 우리는 비로소 제대로 된 공부를 할 수 있을 것입니다. 여러분 모두 보여주기 식의 공부에서 벗어나 무엇을 해야 할지 마음의 결정이 되었나요?

 오늘의 코칭 질문

★ 다음의 질문에 자기 생각을 적으면서 수업 내용을 정리해 보세요.

_ 나는 공부 외에 어떤 취미 생활을 하나요?

_____

_ 공부와 관련하여 부모님은 나에게 어떤 것을 바라시나요? 그 바람이 나와 합의가

되었나요?

_____

_ 수업을 통해 새롭게 알게 되었거나 느낀 점이 있나요?

_____

✏️ 여러분은 학습 리더가 될 준비가 되었나요?

　공부 동기와 관련하여 여러분들에게 마지막으로 당부하고 싶은 것은 학습 리더가 되라는 것입니다. 학습과 리더라는 단어를 합친 말이 학습 리더인데요, 학(學)은 배운다는 뜻이고, 습(習)은 익힌다는 뜻인데, 무언가를 배우고 익히는 데 있어 리더가 되라는 말이 무슨 말일까요?

　'헬리콥터 맘(Helicopter mom)'이라는 신조어가 있습니다. 온전히 자기주도학습을 하는 학생이라면, 학원이나 과외의 선택이 학생의 몫이 되어야겠지만, 학생들은 엄마가 결정한 학원을 다니며 당연하다는 듯 공부를 합니다. 헬리콥터처럼 자녀의 곁을 맴돌며 대학을 가서 성인이 된 자녀까지도 챙겨준다고 하여 '헬리콥터 맘(Helicopter mom)'이라고 하는데요. 과연 우리는 누구를 위한 공부를 하는 걸까요?

잠들어 있는 공부 능력을 깨워라

어머니들은 자녀들을 학원에 보내고 커피숍에 삼삼오오 몰려 앉아, 어머니 모임에서 공유되는 정보를 통해 자녀를 또 다른 학원으로 보냅니다. 인터넷이 발달한 요즘은 다양한 학부모 사이트와 카페를 통해 정보를 주고 받지요. 그렇게 학원을 다녀야 제대로 된 공부가 될 것 같지만, 한편으로는 여전히 시골에서 학원 한 번 다니지 않고 청정하게 공부한 학생이 서울대를 가는 것이 또 다른 현실입니다. 중·고등학교 공부를 소화하는 데 있어서 그 많은 학원이 과연 필요한 것인지 궁금해집니다.

만약 5개의 학원에 가면 반에서 1등을 하고, 10개의 학원에 가면 전교에서 1등을 한다고 정해져 있다면, 기를 쓰고 학원/과외를 가야겠지만, 현실은 그렇지 않으니, 과연 하나부터 열까지 모든 학원과 과외를 챙겨주는 헬리콥터 엄마가 옳다고 할 수 있을지 다 같이 생각해 볼 일인 거죠.

오늘도 학원 키즈인 영호는 빡빡한 학원 스케줄을 소화하고 있습니다. 월, 수, 금은 수학-과학 학원을, 화, 목은 영어 학원, 토요일은 국어 학원을 차례로 소화하는 중이지요. 이렇게나 많은 학원을 다니니 영호는 저녁에 친구들과 농구 한 게임 하기도 힘듭니다.

그런데 우리가 누구던가요? 우리는 눈치 100단, 뛰어난 잔머리를 자랑하는 대한민국의 학생들 아니던가요. 잔머리로 세계에서 둘째가라면 서러울 우리는 이런 현실 속에서도 학원을 놀기 위해 다니고 있다지요?

옛날 사람들이 친구따라 강남을 갔다면, 요즘의 우리는 친구따라 학원을 갑니다. 학원에서 보내는 시간이 워낙 많다 보니, 학원에 친구가 있는지 없는지가 학원 선택에 영향을 줍니다. 학원을 공부하러 다니는지, 친구를 만나러 다니는지 참으로 아리송한 현실입니다. 친구 따라 학원에 가는 우리에게 학원은 과연 공부하는 곳일까요, 또 다른 놀이터일까요? 엄마는 공부하라고 보냈지만, 우리는 학원에 가서 놀고 있는 현실입니다. 뛰는 놈 위에 나는 놈 있다더니, 뛰는 엄마 위에 나는 아이 있는 셈입니다.

그러니 이제 아이도, 엄마도 헬리콥터 맘에서 벗어나야 합니다. 자신의 학습을 자신이 이끌어 갈 수 있는 힘. 학습 리더가 되어야 진정한 공부가 실현됩니다. 여러분은 무엇을 위해 공부를 하고 있나요? 점수나 등수에만 집착하여 공부하는 이유를 잊고 있진 않나요? 자신의 공부 목적을 명확히 하고 하루하루 정진해 가는 멋진 학생이기를 진심으로 바랍니다.

 오늘의 코칭 질문

★ 다음의 질문에 자기 생각을 적으면서 수업 내용을 정리해 보세요.

_ 나는 자기주도학습을 하고 있나요, 부모님 주도학습을 하고 있나요?

_____

_ 나에게 있어서 학습 리더가 된다는 것은 어떤 의미가 있나요?

_____

_ 수업을 통해 새롭게 알게 되었거나 느낀 점이 있나요?

_____

잠들어 있는 공부 능력을 깨워라

7교시

|

공부만 잘한다고
대학을 가나요?

중·고등학교 공부의 마지막을 장식할 입시

야구에 마무리 투수가 있고
바둑에 끝내기가 있듯
우리에게는 입시가 있습니다.

공부의 아름다운 마무리를 위해
마지막으로 점검할 것이 있다면.

그것은 바로 입시입니다.

7교시

학생부는 어떻게 관리해야 할까요?

요즘 입시는 수능 시험만 잘 본다고 대입의 모든 것이 가능한 것은 아닙니다. 2017학년도 기준으로 수시모집 비율이 약 70%, 정시모집 비율이 약 30%입니다. 수능 성적이 절대적으로 영향을 미치는 정시모집 비율이 점점 줄어들수록 학생부를 중심으로 선발하는 수시모집 비율은 점점 늘어나게 됩니다. 수시 전형을 다시 살펴보면, 학생부 전형으로 전체 인원의 85%를 선발합니다.

구분	전형 유형	주요 전형요소	
수시	학생부 중심전형	교과 (내신우수자)	학생부 교과
		종합 (입학사정관)	교과+비교과, 자기소개서, 추천서, 면접 등
	논술 중심전형	논술	
	실기 중심전형 (특기자 전형 포함)	실기 & 특기 증빙 자료 (예체능, 특기자 위주)	
정시	수능 중심전형	수능	
	실기 중심전형	실기 & 특기 증빙 자료 (예체능 위주)	

❖ 최대 지원 횟수 수시 6회, 정시 3회

학생부 전형은 학생부 교과 전형과 학생부 종합 전형으로 나뉩니다. 학생부 교과 전형을 지원하기 위해서는 내신 성적이 좋아야 합니다. 학생부 종합 전형은 내신성적 외에도 리더십, 동아리, 독서, 봉사 등 다양한 활동을 바탕으로 학생을 선발하게 됩니다. 서울대의 입시 전형은 다른 대학들에게 영향을 주기에 주의깊게 살펴볼 필요가 있습니다. 서울대의 경우, 학생부 종합전형으로 전체 학생의 약 80%를 선발합니다. 바야흐로 학생부 종합 전형의 전성시대라고 할 수 있습니다.

❖ 2018학년도 주요 11개 대학 전형별 모집인원 비교

학교	수시			정시
	학생부 교과	논술	실기	
서울대	–	–	–	21%(685명)
고려대	11%	폐지	12%(442명)	14%(600명)
연세대	폐지	20%(683명)	26%(923명)	30%(1,016명)
서강대	–	22%(348명)	3%(41명)	19%(314명)
성균관대	–	28%(957명)	5%(157명)	21%(699명)
한양대	10%(322명)	14%(399명)	8%(219명)	29%(779명)
이화여대	16%(480명)	18%(545명)	14%(429명)	22%(651명)
중앙대	11%(487명)	21%(916명)	8%(350명)	29%(1,260명)
경희대	–	18%(820명)	8%(377명)	30%(1,398명)
한국외대	16%(550명)	16%(560명)	4%(125명)	39%(1,310명)
서울시립대	11%(195명)	10%(168명)	–	40%(672명)
합계	7%(2,434명)	15%(5,396명)	9%(3,063명)	26%(9,384명)

논술 전형의 경우, 전국적으로 봤을 때는 모집 인원이 적지만, 주요 대학에서는 여전히 큰 비중을 차지하는 전형입니다. 연세대의 경우 다른 대학들과 다르게 어학 특기자 전형으로 많은 인원

을 뽑습니다.

우리가 입시를 제대로 대비하기 위해서는 대학별 특징과 전형별 특징들을 꼼꼼히 살펴보아야 합니다. 특히, 학생부 종합 전형을 대비하기 위해서 우리는 대학의 입학사정관이 되어 보는 상상을 해보면 도움이 됩니다.

입학사정관은 학생부와 자기소개서를 바탕으로 학생을 판단합니다. 그렇다면, 학생부는 어떻게 구성되어 있나요?

고등학교 생활기록부	
1	인적사항
2	학적사항
3	출결상황
4	수상경력
5	자격증 및 인증취득상황
6	진로희망사항
7	창의적 체험활동상황
8	교과학습발달상황
9	독서활동상황
10	행동특성 및 종합의견

학생부는 총 10개 항목으로 구성되어 있습니다. 여러분이 입학사정관이라고 상상해 봅시다. 우선 출결사항을 보면서 결석이나 지각은 없는지, 특히 무단으로 결석(지각)한 날은 없는지부터 살펴봅니다. 수상 경력을 보면서 이 학생의 특출난 실력에 대해서 검토를 합니다. 전공과 적합한 자격증을 취득했는지 유심히 보겠죠.

우리가 흔히 말하는 내신 성적은 8번 항목인 '교과학습발달상황'에 고스란히 담겨있습니다. 성적의 경우, 잘 받는 것도 중요하지만, 설사 1학년 때 성적이 좋지 않더라도 3학년이 될 때까지 어떻게 노력하여 얼마나 성적을 끌어올렸는지도 평가의 중요한 요소가 됩니다.

여러분이 회장, 부회장, 동아리 회장 등을 경험했다면 7번 '창의적 체험활동상황'에 기재가 되며, 입학사정관은 7번 항목을 통해 여러분의 리더십, 독창성, 전공 적합성 등을 확인하게 됩니다. 어떤 동아리 활동을 했고 어떤 책을 읽었느냐에 따라 적성이나 흥미, 특기 등을 파악하게 됩니다. 진로희망사항도 무척 중요한데요, 직업란을 통해서 지원자가 왜 우리 학과를 지원했는지를 가늠할 수 있게 됩니다.

학생부를 제대로 관리하기 위해서는 자신의 진로나 직업부터 명확히 해야 합니다. 중학교 1학년 학생들이 자유학기제의 시간을 가지면서 열심히 진로를 탐색하는 것도 같은 맥락입니다. 중학교 때 진로가 결정되었다면, 고교 3년간은 자신이 결정한 진로에 맞추어 다양한 활동을 해보면서 적성에 맞는지를 다시 한 번 점검해 보고 직업을 더욱 구체화하는 시간을 가지게 됩니다. 자신이 결정한 진로가 적성에 맞지 않는다면, 진로를 고2나 고3 때 바꾸어도 좋습니다. 다만, 학생부에 고민한 흔적들과 노력들이 고스란히 담겨있어야 입학사정관들도 그런 노력을 인정해 주겠지요.

수능 시험은 못 볼 경우, 재수해서 다음 해에 다시 시험을 볼 기회가 주어집니다. 그러나 학생부는 다릅니다. 한번 작성된 학생부 기록은 선생님이나 학생이 임의로 수정을 할 수 없습니다. 평생기록으로 남게 될 학생부는 재학생일 때만 관리가 가능합니다.

매 학기 그 기록이 남는다는 것에 유념한다면, 한 학기도 빠짐없이 열심히 관리해야 함을 잊지 말아야겠지요?

 **오늘의
코칭 질문**

★ 다음의 질문에 자기 생각을 적으면서 수업 내용을 정리해 보세요.

_ 내가 고등학생이라면, 학생부 관리를 어떻게 하고 있나요?

_____

_ 내가 중학생이라면, 고교 진학 후 학생부 관리를 어떻게 할 계획인가요?

_____

_ 수업을 통해 새롭게 알게 되었거나 느낀 점이 있나요?

_____

✏️ 어느 고등학교에 진학하는 것이 대학입시에 유리할까요?

특목고는 특수목적고등학교의 줄임말입니다. 영재고, 과학고, 국제고, 외국어고 등이 이에 해당하지요. 그런데, 특목고를 특별한 아이들이 가는 고등학교라고 정의 내려 보면 어떤 고등학교가 특목고에 포함될까요? 특별한 아이들이 가는 고등학교라고 정의 내려 보면, 민사고, 하나고, 상산고, 포항제철고, 천안북일고와 같은 전국단위 자사고도 여기에 포함된다고 할 수 있습니다.

특목고의 원래 목적은 해당 분야의 전문가를 육성하는 데 목적이 있습니다. 한성과학고 홈페이지를 보면 '우리 학교는 수학과 과학 분야에 뛰어난 소질과 적성을 가진 학생을 선발하여 대한민국의 과학을 이끌어 갈 과학 인재를 육성하는 학교입니다'라고 소개되어 있는데요. 이렇듯 특목고는 특수한 목적을 가지고 진학을 하는 게 원칙이지만, 요즘은 대학을 잘 가기 위한 사다리로 여겨지기도 합니다. 중학교에서 공부 잘한다는 아이들은 대부분 특목고를 준비하는 것이 현실이지요.

순위	고교명	입학생 수	학교분류
1	서울예술고	93	예술고
2	대원외국어고	73	외국어고
3	경기과학고	63	영재고
3	용인한국외대부속고	63	자사고(전국)
5	하나고	61	자사고(전국)
6	서울과학고	60	영재고
7	상산고	57	자사고(전국)
8	민족사관고	37	자사고(전국)
9	세종과학고	34	과학고
10	명덕외국어고	33	외국어고
11	한영외국어고	32	외국어고
12	대일외국어고	31	외국어고
13	포항제철고	29	자사고(전국)
14	휘문고	27	자사고(광역)
14	대구과학고	27	영재고
16	안산동산고	26	자사고(광역)
16	한일고	26	일반고(자율)
16	선화예고	26	예술고
19	세화고	25	자사고(광역)
19	한국영재고	25	영재고

표 : 2015년 서울대 입학 고교 순위 / 출처 : 베리타스 알파

표에서 알 수 있듯 서울대 진학 순위를 보면, 상위권에 랭크된 대부분 학교는 특목고입니다. 표에서 상위 20개 학교 중 일반고는 한일고가 유일한데요, 한일고도 사정을 들여다보면, 단순한 일반고가 아니지요. 한일고는 자율학교라는 다소 생소한 지위를 가지고 있는데요, 홈페이지를 보면 '본교는 인문계 고등학교로서 국내 최초(1987년 3월 1일 개교)로 전교생이 기숙사 생활을 하는 이른바 전일제(全日制) 학교입니다. 전국단위 모집이 가능한 농어촌 자율학교로,

특화된 교육 과정을 개발 운영하여, 전국 인문계 고등학교 중 최상위의 위상과 특목고를 포함한 서열이 전국 3위권 이내의 학교로 빠르게 성장하고 있는 학교입니다라고 소개되어 있습니다. 엄밀히 말하면, 과학고도 아니고 외국어고나 자사고도 아니지만, 자율학교라는 또 다른 형태의 특별한 아이들이 모이는 특목고인 셈이죠.

특목고 아이들의 서울대 입학 성과는 다른 고등학교를 압도합니다. 2014년 언론기사를 보면, 전국 일반고 1,525개 중 서울대를 단 한 명도 보내지 못한 고등학교가 877개교에 이른다고 하는데요. 전국 일반고 중 절반이 넘는 학교가 서울대를 한 명도 보내지 못하는 현실을 감안했을 때, 특목고로 인한 고등학교별 서울대 입시 실적의 빈익빈 부익부 현상은 두드러진다고 할 수 있습니다.

특목고는 부러움의 대상이자 동시에 비난의 대상입니다. 교육의 양극화를 초래한다는 이유와 특별한 아이들은 특별하게 교육해야 한다는 주장이 엇갈리는 교육현장의 모습이기도 합니다. 전국적인 명성을 바탕으로 언론에 자주 소개된 자사고 중 한 곳은 서울대를 많이 보내는 고등학교 중 한 곳인 동시에 입학비리에 연루되어 곤욕을 치르는 학교이기도 합니다. 용기 있는 교사는 신입생 입학 전형에 대하여 비리를 폭로했으나, 재학생 학부모들은 자신의 자녀들에게 혹여나 피해가 갈까봐 아이들의 입시가 끝날 때까지 비리 사실을 쉬쉬하며 보내기도 했지요. 남의 자녀가 진학하면 그곳은 특혜의 장소이지만, 나의 자녀가 진학하면 너무나도 편안한 곳. 그곳이 특목고가 가진 양면성 아닐까요?

대부분의 중학교 상위권 학생들은 특목고를 준비합니다. 수학이나 과학에 재능을 보이는 학생들은 과학고를, 영어에서 두각을 나타내는 학생들은 외국어고를, 전 과목이 고루 우수하면서 지방 생활도 괜찮다 생각하면 전국단위 자사고를 준비하는 식이지요.

때로는 자신이 왜 특목고를 준비해야 하는지 모른 채, 성적이 높다는 이유만으로 특목고를 당연히 지원해야 한다고 인식하기도 합니다. 특목고에 대한 생각이 없다가도 공부 잘하는 친구가 특목고를 준비하면, 자신도 준비해야 할 것만 같은 생각에 휩싸이기도 합니다. 실제로 특목고가 자신에게 어떤 영향을 줄지도 모른 채 특목고라는 프라이드 하나로 특목고를 준비하고 지원하는 학생도 있습니다. 왜 진학해야 하는지에 대한 본질은 없어지고 특목고가 좋으니까 특목고를 가야 한다는 형식만 존재하게 되는 고입 입시 현장의 씁쓸한 한 단면이 안타까울 따름입니다.

모든 것에는 명암이 있기 마련입니다. 특목고에 가서 적응을 잘하고 우수한 성적을 받은 학생들은 대학입시에서도 두각을 나타내지만, 특목고에서 낮은 등급의 성적을 받은 학생들의 진학은 어떻게 되었는지 알려진 사실을 찾기가 어렵습니다. 요즘처럼 수시가 입시의 큰 흐름인 상황 속에서 내신을 낮게 받은 특목고 아이들의 대학입시 결과는 오리무중입니다. 특목고를 지원하든, 안 하든, 진학하든, 안 하든, 모든 것은 여러분의 몫이지만, 우리가 특목고를 가고자 한다면, 그 목적은 분명히 했으면 합니다.

반면, 일반고의 4년제 대학 진학률이 뉴스로 나와 이슈 되기도 했습니다. 서울에 있는 일반고의 4년제 대학 진학률에 비해 지방의 일반고가 훨씬 높은 4년제 대학 진학률을 나타내고 있어 화제입니다.

4년제 대학 진학률 - 서울 일반고 순위			
순위	고등학교명	4년제 대학 진학률	자치구
1	문일고	74.6%	금천구
2	한국삼육고	69.0%	노원구
3	서울미술고	67.5%	관악구
4	배문고	58.9%	용산구
5	서문여고	56.4%	서초구
6	동대부고	55.4%	동대문구
7	환일고	54.5%	중구
8	한영고	53.7%	강동구
9	숙명여고	52.1%	강남구
10	오산고	51.8%	용산구

출처 : 베리타스 알파, 2016. 4. 22

서울의 경우, 10위를 기록한 고등학교가 겨우 50%를 넘는 4년
제 대학 진학률을 기록했지만, 지방의 경우, 10위 안에 드는 모든
고등학교가 90%가 넘는 4년제 대학 진학률을 기록했습니다. 서
울의 경우, 한 반에서 4년제 대학을 가는 인원이 30명 중 10~15명
이지만, 지방의 경우는 한 반에서 4년제 대학을 가는 인원이 30명
중 20~25명이라는 결론이 나옵니다.

4년제 대학 진학률 – 전국 일반고 순위			
순위	고등학교명	4년제 대학 진학률	지역
1	상일여고	97.3%	광주
2	천안고	96.1%	충남
3	대연고	95.0%	부산
4	목포홍일고	94.0%	전남
5	남해해성고	92.9%	경남
6	진도고	92.8%	전남
7	남성여고	92.7%	부산
8	거제고	90.9%	경남
8	목포혜인여고	90.9%	전남
10	공주여고	90.6%	충남

출처 : 베리타스 알파, 2016. 4. 22

　서울과 지방의 4년제 대학 진학률 차이는 어디에서 오는 것일까요?

　우선은 '인서울 현상'을 들 수 있습니다. 인서울(In Seoul)이란 서울 안에 있는 대학을 지칭하는 말로 서울에 사는 학생들이 서울에 있는 대학을 가려면 어느 정도의 성적을 받아야 하는지 가늠해 보기 위해 사용되었습니다. 그런데, 인서울 열풍이 지방까지 확산되어 요즘은 지방의 학생들이 서울 안에 있는 대학, 인서울 대학으로 진학하고 있습니다. 과거보다 인서울 하는 지방 학생들이 많아지다 보니, 정작 서울에 사는 학생들이 서울에 있는 대학을 못 가는 현상이 발생하고 있는 것이지요.

　서울에 있는 학생들은 서울에 있는 대학으로 진학이 힘들 경우, ① 재수하거나 ② 4년제 대학 대신 수도권의 전문대학을 진학하거나 ③ 대학 진학을 포기하고 취업을 하게 됩니다. 실제로 수도 권의 일부 전문대학은 지방의 4년제 대학보다 높은 커트라인을 기록하고 있습니다.

인서울 대학에 진학하기 위해서는 수능 성적 기준으로 인문계 는 전국 상위 15%, 자연계는 전국 상위 20%의 성적을 받아야 하 는 것으로 알려져 있는데요. 인서울 대학의 문턱이 이렇듯 높다 보니 현실적으로 수도권의 학생들이 지방으로 대학을 가고 있는 실정이기도 합니다.

인서울 현상 외에도 서울 일반고의 4년제 대학 진학률이 지방보 다 낮은 이유는 더 나은 대학을 가고자 하는 재수생의 비율이 높 기 때문으로 분석되고 있습니다.

여러분은 특목고 진학을 희망하나요, 일반고 진학을 희망하나 요? 특목고를 가는 목적은 무엇인가요? 여러분이 고등학생이라면 중학생으로 돌아갈 수 있다고 가정했을 때, 특목고를 지원할 것인 가요? 이 물음은 특목고를 지원하고 안 하고의 문제가 아니라, 지 원할 경우 주도적으로 지원했는가를 묻고 있습니다. 선택은 오롯 이 여러분의 몫입니다.

**오늘의
코칭 질문**

★ 다음의 질문에 자기 생각을 적으면서 수업 내용을 정리해 보세요.

_ 나는 고등학교를 선택할 때 명확한 기준을 가지고 있나요?

_____

_ 고등학교 선택보다 더 중요한 것은 궁극적으로 무엇일까요?

_____

_ 수업을 통해 새롭게 알게 되었거나 느낀 점이 있나요?

_____

잠들어 있는 공부 능력을 깨워라

✏️ 대학입학과 성공은 어떤 관련이 있나요?

집에 있는 냉장고의 문을 열어 봅시다. 밀폐용기 락앤락(Lock & Lock) 하나쯤은 다들 가지고 있을 것입니다. 여러분이 좋아하는 치킨, 닭을 유통하는 기업 중 국내 1위 기업인 '하림'이라는 곳이 있습니다. 앞으로 치킨을 시켜먹을 때 치킨 박스를 유심히 한번 보기 바랍니다. 박스에 '저희 가게는 100% 국내산 하림 닭을 사용합니다'라는 문구를 종종 볼 수 있을 것입니다. 락앤락 창업자 김준일 회장과 하림의 창업자 김홍국 회장은 모두 고졸 출신으로 사업을 시작했습니다. 락앤락의 2015년 매출은 5,400억 원이고, 하림의 2015년 매출은 1조 원입니다.

'Forever 21'이라는 미국의 패션 브랜드가 있습니다. 패션에 민감한 학생이라면 이 브랜드를 한 번쯤 들어봤을 텐데요.

'Forever 21'의 창업자가 한국인이라는 사실이 놀랍습니다. 장진숙 회장은 한국에서 태어나 고등학교를 졸업한 후 이런저런 일을 하다 아메리칸 드림을 꿈꾸며 미국에 이민 갔습니다. 그리고 억만장자가 되었습니다. 'Forever 21'의 성공 이후 그녀는 고졸 학력의 이민자 사업가로 대한민국 언론에 널리 알려지기도 했는데요.

우리는 대학을 갈 것이 아니라 창업을 진지하게 생각해야 하는 건 아닐까요? 고졸이어도 얼마든지 세상을 살아갈 수 있는데, 우리는 왜 대학을 가기 위해 이렇게 공부에 매진하고 있는 것일까요?

그들은 사업에 성공했어도 꾸준히 공부를 이어갔습니다. 김준

포에버 21(Forever 21)은 미국 캘리포니아 주 로스앤젤레스에 본사를 둔 패션 체인 기업이다. 10개국에 460개의 점포를 두고 있다. 창업자 및 오너는 모두 한국계 미국인이다.

장진숙 공동창업자는 포브스가 24일 발표한 '세계에서 가장 영향력 있는 여성 100인' 명단에서 39위에 올랐다. 장씨는 미국의 대표적 패션 브랜드 포에버 21의 오너인 장도원 회장의 부인이다. 1981년 남편과 함께 미국으로 이주해서 여러 일을 하다가 의류업으로 창업했다.

소비자들의 욕구를 재빨리 파악, 상품에 반영하는 감각이 탁월하다는 평가를 받는 포에버 21은 2011년 미국을 비롯해 영국·캐나다·일본 등 전 세계에서 500여 개 매장을 운영하고 있다. 서울에도 명동과 압구정에 매장을 열었다. 전 세계 직원 수만 4만여 명에 달하며, 올해 전체 예상 매출액은 4조5,000억 원 규모에 이른다.

LA 비즈니스 저널 보도에 따르면 포에버 21의 2012년 매출은 전년(33억 9,000만 달러)보다 3,100만 달러 늘어난 37억 달러로 LA카운티 개인 사업체 가운데 네 번째로 높은 매출실적을 올렸다. 포에버 21의 순위는 지난해 5위에서 4위로 상승했다. 포에버 21은 1984년 LA에 첫 매장을 차린 뒤 빠른 속도로 사업을 확장, 현재 전 세계에서 500여 개 매장을 운영하고 있다.

2013년 기준 순 자산 53억 5,000만 달러로 이 부부의 재산은 지난해 43억 달러에서 24.42% 늘었다. 장 회장 부부는 2011년 경제전문지 포브스가 발표한 미국 400대 부자 순위에서 36억 달러의 재산을 모아 88위, 이듬해에는 45억 달러로 9계단 오른 79위를 차지한 바 있다.

장진숙 포에버 21 공동창업자는 자수성가한 미국 억만장자 여성 6명 중 1명이기도 하다고 포브스는 전했다. 남편인 장도원 회장 역시 지난 3월 포브스가 "미국 내 부자 순위 187위에 올랐다"고 발표한 바 있다. 필리핀의 교육시설 건립을 위해 340만 달러를 내놓는 등 기부에도 인색하지 않은 것으로 알려졌다.

출처: 위키백과사전(2016년 1월 2일 기준)

일 회장은 사업을 하면서 동시에 방송통신대를 졸업했고, 김홍국 회장 역시 늦은 나이에 경영학 석사까지 공부했습니다. 장진숙 회장의 경우 자신은 비록 고졸이지만, 자녀들은 모두 미국의 명문대학에 입학시켰습니다.

질문을 바꾸면 대답도 달라집니다. 그들은 대학 공부를 안 했을 뿐, 사업을 하는 데 있어 누구보다 철저히 공부하고 연구하며 시간을 보냈을 것이며, 그런 노력이 성공의 밑바탕이 되었습니다.

우리는 공부에 대한 정의를 다시 내려 볼 필요가 있습니다. 우선은 국, 영, 수 등 교과 공부만이 공부라는 생각에서 벗어나야 합니다. 요즘 입시는 내신 성적 뿐만 아니라 인성, 리더십 활동, 동아리 활동, 봉사 활동, 창의적 체험 활동, 교내경시대회, 독서 활동 등 다양한 활동들을 평가하여 학생을 선발합니다. 여러분들이 흔히 알고 있는 IQ 역시 마찬가지입니다. 지능지수라 일컬어지는 IQ(intelligence quotient)보다 정서지수인 EQ(emotional quotient)가 더 필요한 세상에 우리는 살고 있습니다.

그런 의미에서 당장 시험에서 1등하고 100점 받는 것도 중요하지만, 현재 나의 성적을 인정하고 현재의 나를 어떻게 발전시킬 것인가에 대하여 방법을 고민하고 실천하는 것은 나를 보다 근본적으로 발전시켜주는 접근 방식일 수 있습니다.

우리가 공부를 시작하는 시점은 개인마다 다를 수 있습니다. 12년을 열심히 공부한 학생과 1년을 열심히 공부한 학생의 성적에 차이가 없다면, 그것이 공평한 세상일까요? 어느 정도의 차이가 발생하는 것이 오히려 공평한 세상 아닐까요?

시험은 제로섬[4] 게임입니다. 모든 학생이 1등을 목표로 공부한다면, 1등은 단 1명으로 정해져 있기에, 전국 1등을 제외한 모든 사람은 불만족스러운 결과에 놓이게 됩니다. 우리는 1등을 하겠노라고 말하기보다 우리 자신의 목표를 세우고 그 목표를 달성하는 사람이 되고자 노력해야 합니다. 자신의 위치를 되돌아보고 나날이 발전하는 모습을 목표로 공부하면서 실현 방법을 깨우치는 것. 그것이 궁극적으로 공부를 하는 이유가 될 것이며, 대학을 가고자 하는 이유가 될 것입니다.

 오늘의 코칭 질문

★ 다음의 질문에 자기 생각을 적으면서 수업 내용을 정리해 보세요.

_ 그동안 나는 공부란 무엇이라고 생각하고 있었나요?

_____

_ 공부에 대해서 새롭게 정의를 내려 본다면, 공부를 무엇이라고 정의할 수 있을까요?

_____

_ 수업을 통해 새롭게 알게 되었거나 느낀 점이 있나요?

_____

---

4 전체의 이익이 일정하여 한 쪽이 이득을 보면 다른 한 쪽은 반드시 손해를 보게 되는 상태

방과후

|

당신의 공부 환경은
최상의 상태인가요?

0교시부터 7교시까지
모든 수업을 충실한 들은 여러분.
고생 많았습니다.

무언가 이야기를 더 해주고 싶은
윤맴의 마음.
무언가 이야기를 더 듣고 싶은
여러분을 위해

마지막으로
공부환경에 관한 수업을 준비했습니다.

✎ 공부 잘하는 애들은 기숙사에 산다고요?

공부 잘하는 애들은 왜 기숙사에 살까요? 민사고, 용인외고, 과학고, 한민고 등 전국적으로 이름이 알려진 대부분 고등학교는 기숙사를 운영합니다. 이것이 우연의 일치일까요? 공부를 잘하기 위해서는 공부 환경관리가 그만큼 중요하다는 것을 뜻합니다.

맹모삼천지교(孟母三遷之敎)[5]라 했습니다. 맹자의 어머니가 아이의 교육을 위해 이사를 3번 했다는 뜻으로, 좋은 환경에서 공부하는 것이 그만큼 중요함을 뜻하는 한자성어인데요. 그렇다면 어떤 환경에서 공부하는 것이 바람직하다고 할 수 있을까요?

일반 공립고등학교인 Y고는 동창회가 지원하여 전교에서 소수의 학생을 뽑아 기숙사를 운영하고 있습니다. 당연히 성적이 높아야 기숙사에 들어갈 수 있고, 기숙사에 들어간 아이들은 높은 성적을 유지합니다. 닭이 먼저냐 달걀이 먼저냐의 문제처럼, 공부 잘하는 아이들이 애초에 기숙사 생활을 해서 기숙사 아이들이 공부를 잘하는 것인지, 기숙사 생활을 해서 성적이 잘 나오는 것인지는 생각을 해 볼 문제이지만, 중요한 것은 아무리 공부를 잘하

---

5 孟 : 맏 맹, 母 : 어미 모, 三 : 석 삼, 遷 : 옮길 천, 之 : 어조사 지, 敎 : 가르칠 교

던 아이들을 모아놓더라도 학교 측에서는 그 생활을 철저히 관리한다는 것입니다.

공부 잘하는 애들은 기숙사에 살고 있다는 것을 명심합시다. 집에 있는 나의 공부방은 기숙사처럼 철저히 관리가 되고 있나요? 만약 철저히 관리가 되고 있다면, 여러분은 훌륭한 환경에서 공부하는 것입니다. 저녁에 집에 가면 거실에서 TV 소리가 나고, 동생은 놀아달라고 수시로 내 방으로 들어오나요? 그렇다면 안타깝지만 우리 집은 공부 환경이 제로입니다.

물론 모든 기숙사가 제대로 운영되고 있는 것은 아닙니다. 요즘 많은 학교에서 기숙사를 운영하는데, 무늬만 기숙사일 뿐 관리가 제대로 되지 않아 오히려 학습습관을 망치는 경우도 있다고 합니다. 여기서 학교 선택의 중요성이 대두됩니다. 특목고와 전국 단위 자사고처럼 학교 운영 방식이 널리 알려져 있으면서 기숙사 관리가 철저히 되는 학교들 외에 기숙사를 운영하는 학교가 있다면, 기숙사에 들어가기에 앞서 지역의 특성이나 생활 분위기를 철저히 알아보고 들어가는 주의가 필요합니다.

**오늘의
코칭 질문**

★ 다음의 질문에 자기 생각을 적으면서 수업 내용을 정리해 보세요.

_ 나는 기숙사가 있는 고등학교를 선호하나요? 그 이유는 무엇인가요?

_____

_ 기숙사에 가게 된다면, 어떤 점들을 미리 갖추고 들어가는 것이 생활에 도움이 될까요?

_____

_ 수업을 통해 새롭게 알게 되었거나 느낀 점이 있나요?

_____

📝 여러분의 방은 침실과 공부방이 구분되어 있나요?

우리는 왜 소파를 보면 편안하게 앉아 쉬게 되고, 침대를 보면 누워서 자고 싶을까요? 물리학에서의 '관성의 법칙'처럼 인간의 행동도 관성이 작용합니다. 익숙한 장소나 상황에서 우리는 그동안 해왔던 행동을 그대로 하고 싶은 거죠. 그것을 우리는 습관이라고 합니다. 왜 학생들은 집에 있는 본인의 방과 책상을 놔두고 굳이 독서실이나 도서관을 가려고 할까요? 글쓰기를 직업으로 가지는 작가 중에서도 집을 떠나 인근의 커피숍이나 도서관을 찾는 사람들이 있는데요. 집에서 업무를 해도 지장이 없는 무역업이나 인터넷쇼핑몰 사업을 하는 사람들도 굳이 사무실을 별도로 구해서 사업을 하기도 합니다. 이렇듯 업무 공간과 휴식 공간을 분리하는 이유는 무엇일까요?

공부도 마찬가지입니다. 가급적 공부하는 공간과 휴식하는 공간은 분리하는 것이 좋습니다. 자녀의 침대와 책상을 한 공간에 두고 있으면서 그 책상에서 자녀가 공부를 열심히 하기를 바란다면, 부모님의 지나친 욕심일 수도 있습니다. 침대와 책상은 멀어질수록 좋습니다. 잠자는 방에 책상을 두더라도 그것은 컴퓨터를 이용하거나 독서, 그림 그리기 등의 휴식을 위한 것이지 공부를 위한 것은 아닙니다.

4인 가족인데, 집에 방이 3개라면, 부부침실 1개, 아이들 잠자는 방 1개, 공부방 1개로 운영하라고 조언합니다. 만약에 아이들 성별

이 달라서 각자의 방이 필요하다면, 부부침실 1개, 아이들 침실 각자 1개씩 둔 후, 거실을 도서관처럼 꾸며서 공부방으로 활용하라고 조언하고 싶습니다. 그렇게 함으로써 아이들은 공부방에서는 공부에 집중하고 잠자는 방에서는 휴식에 집중할 수 있게 됩니다.

모든 물질은 파동을 가지며 에너지를 가지고 있습니다. 다 쓰러져 가는 폐가에서 나오는 섬뜩한 기운, 꽃이 만발한 아름다운 정원의 발랄함, 푸른 수목이 울창한 자연의 푸근함 등 세상의 만물은 고유한 에너지와 기세를 가지기 마련입니다. 컬러 전문가가 탄생하고, 풍수지리학자가 존재하는 것은 이런 이유에 기인합니다. 깔끔하게 정리된 공부방은 공부에 대한 기운을 도와주고, 안락한 침실은 자녀의 수면을 도와줍니다. 안락한 침실에서 자녀가 잠도 잘 자고, 공부도 열심히 하기를 바라는 것은 일종의 모순일 수 있다는 것이죠.

 오늘의 코칭 질문

★ **다음의 질문에 자기 생각을 적으면서 수업 내용을 정리해 보세요.**

_ 공부할 때 공부가 가장 잘 되는 공간은 어디였나요? 그 이유는 무엇일까요?

_____

_ 내가 집에서 공부하기를 바란다면, 부모님이 나에게 어떤 공간을 제공하면 좋을까요?

_____

_ 수업을 통해 새롭게 알게 되었거나 느낀 점이 있나요?

_____

제가 혹시 스마트폰 중독일까요?

'공부할 때 스마트폰을 어떻게 해야 하는가'라는 질문을 종종 받습니다. 여러분들 생각은 어떤가요? 그렇습니다. 여러분이 생각하는 것과 저의 대답은 같습니다. 공부할 때는 스마트폰을 사용하지 않는 것이 제일 좋습니다. 스마트폰 전원을 꺼서 부모님에게 맡기거나 일정한 장소(식탁, 거실 테이블 등)를 정해 두고 전원을 끈 상태로 보관해야 합니다. 보관함에 넣은 후 공부방으로 가서 공부만 집중하는 것이 제일 좋겠지요.

한국과학기술개발원의 스마트폰 중독 테스트

문항	O / X
1. 스마트폰이 없으면 손이 떨리고 불안하다.	
2. 스마트폰을 잃어버리면 친구를 잃은 느낌이다.	
3. 하루에 스마트폰을 2시간 이상 쓴다.	
4. 스마트폰에 설치한 앱이 30개 이상이고 대부분 사용한다.	
5. 화장실에 스마트폰을 가지고 간다.	
6. 스마트폰 키패드가 쿼티(컴퓨터 자판과 같은 배열) 키패드다.	
7. 스마트폰 글자 쓰는 속도가 남들보다 빠르다.	
8. 밥을 먹다가 스마트폰 소리가 들리면 즉시 달려간다.	
9. 스마트폰을 보물 1호라고 여긴다.	
10. 스마트폰으로 쇼핑한 적이 2회 이상 있다.	
합계	

※ '그렇다'가 3~4개는 위험군, 5~7개는 의심, 8개 이상이면 중독 수준

테스트 결과가 어떠한가요? 만약에 본인이 스마트폰 중독이라면 상담을 권합니다. 공부와 스마트폰은 함께할 수 없습니다. 우리가 흔히 컴퓨터 옆에서는 공부가 안된다고 하는데요. 전화기 옆에서도 당연히 공부는 잘되지 않습니다. 그런데, 컴퓨터와 전화기를 합쳐 놓은 것이 스마트폰인데, 스마트폰 옆에서 공부가 잘될 리가 없겠지요?

통제할 자신이 없다면, 애초에 멀리하는 게 좋습니다.

 오늘의 코칭 질문

★ 다음의 질문에 자기 생각을 적으면서 수업 내용을 정리해 보세요.

_ 나는 스마트폰 중독인가요? (스마트폰 중독 테스트를 체크해 봅시다.)

_____

_ 나는 공부하는 중 스마트폰을 멀리하기 위해 앞으로 어떤 노력을 기울일 계획인가요?

_____

_ 수업을 통해 새롭게 알게 되었거나 느낀 점이 있나요?

_____

✏️ 나에게 알맞은 공부방은 어떤 색일까요?

　과거에는 대부분 집이 벽지로 흰색을 선택하고, 책상이나 의자의 색은 갈색 계통이 많았지만, 요즘은 다양한 색의 벽지나 인테리어 소품, 책상, 의자 등이 출시되고 있습니다. 차의과학대학교 김선현 교수는 흰색의 적절한 사용은 공간을 넓고 시원하게 바꾸지만, 지나치게 많이 사용하면 피로함과 욕구 불만을 일으킬 수 있다고 조언합니다.

종류	인테리어 효과	색의 효능
빨강	신체적 움직임이 많은 공간에 적당 소품이나 가구 등을 통해 포인트로 사용	아드레날린 분비 혈액순환
주황	따뜻한 분위기 연출 신체에너지 향상	비장 기능 강화 소화에 도움
노랑	활기차고 즐거운 분위기 빛이 잘 들어오지 않거나 어두운 공간에 효과적	신체 순환작용 활성화 변비 해소에 도움
초록	마음 평온. 신경 및 근육 긴장 완화 주의 집중. 깊은 생각에 효과	감정의 균형 마음 안정
파랑	에너지 진정, 평안한 분위기 연출 두통이나 고혈압에 효과	신경계 안정 긴장 완화
보라	정신적 스트레스, 두려움 완화 자존감 회복	호르몬 활동 정상화 성격적 불균형 완화
분홍	따뜻함과 애정 발산, 근심/걱정 줄여줌 교도소에서 회색을 분홍색을 바꾼후 폭력사고 줄어듦	뇌에 혈액 공급 일중독 사람에게 효과

출처 : 네이버캐스트, 김선현 교수

각각의 색들은 고유의 느낌과 특징, 효능을 가지고 있습니다. 공부방을 꾸밀 때 학생에게 알맞은 색상을 고른다면, 학생의 공부에 도움을 줄 수 있는데요. 삼화페인트의 김향란 이사는 노랑이 창조적이고 파격적이며 규격화된 틀을 벗어나 자유롭고 싶은, 오늘을 사는 우리에게 긍정의 힘으로 많이 사용된다고 말합니다. 보라색의 경우, 보라색 작물인 라벤더의 향처럼 신경 안정에 도움을 주며, 주황색은 발랄하며 쾌활한 기운이 많은 색으로 건강함을 표현하기에 적당하다고 조언하는데요.

나에게 알맞은 공부방 색깔은 어떤 기준으로 선택하면 좋을까요? 평소 성격이 급하고 실수를 많이 한다면, 마음의 평온에 도움을 주는 초록색을 공부방에 사용해 봅시다. 외향적인 성격에 에너지가 넘치는 학생이라면, 파란색을 이용해 에너지를 진정시키고 공부방을 차분하게 연출하는 것이 공부에 도움이 됩니다. 내성적이고 소심한 성격의 학생에게는 주황이나 노랑 계열의 인테리어 소품이 공부를 좀 더 열정적으로 하는 데 도움을 줄 것입니다.

오늘의
코칭 질문

★ 다음의 질문에 자기 생각을 적으면서 수업 내용을 정리해 보세요.

_ 현재의 나의 공부방은 어떤 색인가요?

_____

_ 나의 성격은 어떤 편인가요? 나에게 어울리는 공부방 색깔이나 소품 색은 무엇일까요?

_____

_ 수업을 통해 새롭게 알게 되었거나 느낀 점이 있나요?

_____

📝 부록 _ 수업복습: 마인드맵 그리기

　메타 인지 향상 수업을 통해 배운 내용을 마인드맵을 통해서 정리해 봅시다.

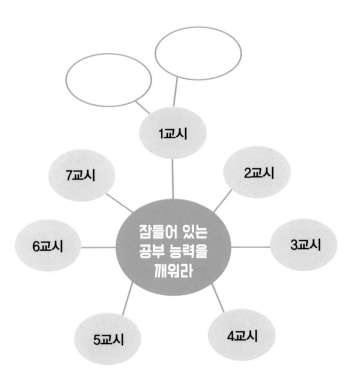